sociología
y
política

SUBDESARROLLO Y REVOLUCIÓN

nueva edición corregida y aumentada

por

RUY MAURO MARINI

siglo veintiuno editores, sa
CERRO DEL AGUA 248, MEXICO 20, D.F.

siglo veintiuno de españa editores, sa
C/PLAZA 5, MADRID 33, ESPAÑA

siglo veintiuno argentina editores, sa

siglo veintiuno de colombia, ltda
AV. 3a. 17-73 PRIMER PISO. BOGOTA, D.E. COLOMBIA

portada de richard harte
edición al cuidado de eugenia huerta

primera edición, 1969
quinta edición (corregida y aumentada), 1974
sexta edición (corregida), 1975
octava edición, 1977

impreso y hecho en méxico
printed and made in mexico

ÍNDICE

PREFACIO A LA QUINTA EDICIÓN

Los cambios introducidos en la presente edición —además de correcciones de forma y actualización de datos— consisten en la inclusión de dos ensayos sobre el actual problema brasileño. Antes que modificaciones al contenido del libro, amplían y refuerzan mi análisis y conclusiones sobre el proceso puesto en marcha en Brasil en 1964, así como mi evaluación de sus implicaciones para América Latina. Ha sido sobre esa base como he podido intentar después una explicación teórica global de la dependencia latinoamericana.[1]

No había, en efecto, razones para proceder de otra manera. La evolución de la ciencia social latinoamericana en los años recientes —pese a reincidencias frecuentes en antiguos errores— ha aportado elementos bastantes para invalidar una de las tesis que me esforcé aquí por combatir: la de que el régimen militar brasileño era un simple efecto de la acción de ese *deus ex machina* que representa para algunos el imperialismo norteamericano. No es en interés del imperialismo que hay que rechazar ese tipo de razonamiento, sino en el de las posibilidades de las masas explotadas en América Latina de abrirse camino hacia su liberación. Las consecuencias del conocido símbolo gráfico, que nos muestra al malvado Tío Sam manipulando sus marionetas, no pueden ser para el análisis político y la estrategia de lucha que de él debe derivarse sino denuncia lacrimosa e impotencia indignada. Para luchar contra el imperialismo, es indispensable entender que no es un factor externo a la sociedad nacional latinoamericana, sino más bien el terreno donde ésta finca sus raíces y un elemento que la permea en todos sus aspectos.

Respecto a las repercusiones del golpe militar de 1964

1. Véase *Dialéctica de la dependencia*, Ediciones Era, México, 1973.

sobre la sociedad brasileña, muchas afirmaciones contenidas en este libro resultaron igualmente polémicas. Sin embargo, los que pretendían ver en el golpe militar un accidente sin mayores consecuencias para la misma, similar en cierta medida a otros que se habían producido allí anteriormente, han debido finalmente darse cuenta de su error. La amplitud y profundidad de los cambios que el régimen militar entonces implantado introdujo en la vida económica, social y política del país han orillado incluso a algunos estudiosos a posiciones que bordean ya la apologética –como cuando pretenden, por ejemplo, identificar ese régimen con la revolución burguesa brasileña.[2] A éstos, habría que recordarles que la revolución burguesa no se hace a costa de capas de la misma burguesía, como ha pasado en Brasil en 1964 y luego en 1968, sino contra las fuerzas que traban el desarrollo del capitalismo. Antes que una revolución burguesa, el proceso brasileño representa la derrota de las capas medias burguesas y pequeñoburguesas –y, desde luego, de las masas trabajadoras– ante el gran capital nacional y extranjero; éste no ha vacilado incluso, sobre todo en la primera fase del proceso, en aliarse a los sectores más reaccionarios del país, para imponerle su hegemonía. Y no podría ser de otra forma: la revolución burguesa corresponde a una etapa definida del capitalismo, marcada por el ascenso de una burguesía que se incluía todavía en una amplia medida en el movimiento popular; en la era del imperialismo, que vivimos hoy, todo movimiento auténticamente burgués no puede ser sino antipopular y, como tal, contrarrevolucionario.

Otras interpretaciones equivocadas del proceso brasileño suponían que el régimen militar acarrearía el estancamiento y aun el retroceso del desarrollo capitalista en el país; no faltaron, en esa línea, quienes acuñaran expresiones tan sofisticadas como erróneas como la de la "pastorización", que aludía a un regreso de la economía brasileña a la fase de producción y exportación de bienes primarios, con el conse-

2. Esta tesis fue sustentada por Fernando Henrique Cardoso en el Seminario sobre Clases Sociales y Crisis Política en América Latina, organizado por el Instituto de Investigaciones Sociales y la Facultad de Ciencias Políticas y Sociales de la Universidad Nacional Autónoma de México, realizado en Oaxaca, en junio de 1973.

cuente bloqueo de la industrialización. Tesis como ésas se derrumbaron por sí mismas, ante el empuje del crecimiento industrial en Brasil, apoyado –antes que frenado– por el desarrollo de la producción de alimentos y materias primas para la exportación.

Pero esa expansión económica ha tenido otro efecto, tan nefasto como el anterior. Además de los ideólogos oficiales del sistema, algunos de sus críticos se han dejado impresionar demasiado por las cifras arrojadas por el llamado "milagro brasileño". Aunque denuncien lo que consideran como aspectos negativos del sistema, lo hacen desde una perspectiva liberal y pequeñoburguesa, que no permite captar las raíces mismas del "milagro". Así es como prefieren insistir en la mala distribución del ingreso (¡como si el capitalismo, y particularmente el capitalismo dependiente, pudiera proporcionar una buena distribución del ingreso!) antes que en la superexplotación del trabajo. Otros sostienen que no sólo a la compresión salarial, sino también a la productividad del trabajo, se debe la expansión económica, desconociendo que es la combinación de ambas la que motiva las elevadas cuotas de plusvalía vigentes en Brasil, sobre las cuales se sustenta la acumulación del capital interno y externo. Algunos llegan hasta a descartar el salario mínimo como instrumento de medición de la tasa de explotación, prefiriendo utilizar el salario medio, donde se mezclan las remuneraciones de los obreros y del personal técnico y administrativo. ¡Esto en un país donde la mayoría de la masa trabajadora alcanza con dificultad a mantenerse siquiera a nivel del salario mínimo y en el que las diferencias salariales entre las distintas categorías de trabajadores tienden a extremarse! [3]

Curiosamente, esos mismos críticos son los que rechazan

3. Entre 1966 y 1970, el 40% de los trabajadores ubicados en la parte más baja de la estructura del empleo industrial en Brasil vio reducirse su participación en la masa de salarios pagados del 19 al 15.5%, mientras la participación del estrato del 10% más alto se elevaba del 30 al 37.5%; cfr. Carlos Luis Guedes, *Contribuição ao estudo da distribuição da renda no Brasil,* Universidad de São Paulo, ESALG, 1972, mimeo. Por otra parte, según datos de una encuesta publicada por *O Estado de São Paulo,* del 21 de noviembre de 1972,

con indignación la posibilidad de que en Brasil se presenten —como yo sostengo— problemas en lo que se refiere a la realización del capital. Invocando a Marx (aunque de hecho confundiendo Marx con Say), niegan, primero, que la realización del capital en una economía capitalista dependa, fundamentalmente, del mercado de bienes de consumo corriente y, luego, haciendo caso omiso de la contradicción entre este argumento y el que sigue, vuelven a negar la existencia de tales problemas por el hecho de que, mediante una creciente productividad del trabajo y la integración progresiva de capas trabajadoras al consumo, el mercado interno brasileño puede seguir expandiéndose sin mayores dificultades.

Vayamos por partes. Lo primero que habría que señalar a esos autores (me refiero a los críticos del sistema, los ideólogos oficiales están haciendo su trabajo) es que —por poco importante que parezca a los intelectuales pequeñoburgueses— la realización de los productos de consumo corriente constituye un motivo constante de preocupación para el capitalista; a esto responde el enorme desarrollo de la mercadotecnia y la publicidad comercial y, más aún, el giro de la economía burguesa, a partir de mediados del siglo pasado, desde los problemas de la oferta o la producción hasta el hincapié en los problemas de la demanda.[4] Ello es así porque, por significativa que sea (y lo es cada vez más) la realización de mercancías bajo la forma de maquinarias e insumos industriales, ésta se encuentra referida, en última instancia, al mercado de bienes finales, en el cual desempeña un papel relevante la demanda de bienes de consumo corriente. Pretender separar la producción de la circulación

el salario promedio de los profesionales en la industria paulista era de 20 cruceiros por hora, para los de nivel superior, y de 9.66 cruceiros por hora, para los de nivel medio; en cambio, el salario mínimo más elevado de São Paulo (la escala salarial en Brasil contempla niveles diferenciales por región) era tan sólo de 1.30 cruceiros por hora; citado por Paul Singer, "Desenvolvimento e repartição da renda no Brasil", *Debate & Crítica*, revista semestral de ciencias sociales, São Paulo, núm. 1, julio-diciembre de 1973.

4. Sobre este punto, véase mi artículo "Razón y sinrazón de la sociología marxista", *Sociedad y Desarrollo*, CESO-PLA, Santiago de Chile, núm. 3, julio-septiembre de 1972.

y realización de las mercancías, so pretexto de que es la primera la que debe primar en el análisis, y subestimar en la realización del capital el papel que desempeña la demanda de bienes de consumo corriente, no sólo no es una posición marxista, sino que puede convertirse en instrumento útil a la apología del sistema. La realización del capital es, antes que nada, realización del capital-mercancía y constituye un elemento fundamental en el ciclo del capital; éste sólo la disocia en aquellos momentos en que se ve enfrentado a su propia ruptura: la crisis. Y, al fin y al cabo, es el fantasma de la crisis lo que espolea incesantemente la producción capitalista, arrastrándola cada vez más aprisa hacia el abismo que quiere evitar.

El argumento de que los problemas de realización no se presentarían en la economía brasileña por la integración de los trabajadores al consumo no resiste el menor análisis. Lejos de un desarrollo que integre capas crecientes de la población al consumo, sobre la base del aumento de la productividad del trabajo, lo que predomina en una economía dependiente como la de Brasil son las formas de la superexplotación del trabajo (agudizadas, esto sí, por el incremento de la productividad), que no sólo excluyen a esas masas del consumo, sino también del empleo productivo creado por la acumulación del capital. Es así como, según datos oficiales, la población de 10 años de edad y más aumentó, entre 1960 y 1970, en 17 millones de personas, de los cuales 7 millones se han insertado en la estructura del empleo; de éstos, menos de 4 millones han sido absorbidos por los sectores directamente productivos (cerca de 2.5 millones por la industria y el restante por la agricultura) y algo más de un millón de personas por los servicios vinculados a la producción (incluido el comercio, donde se oculta, como sabemos, buena parte del desempleo disfrazado); los demás se han ido a actividades improductivas, registrándose el caso de la burocracia pública, que, tras un crecimiento promedio de 20% en las tres décadas precedentes, prácticamente dobló sus efectivos en el período considerado.[5]

5. *Tabulações avançadas del censo demográfico,* Instituto Brasileiro de Geografia e Estatística, Río de Janeiro, 1971.

Hemos visto ya cómo se presenta el problema de las remuneraciones; no insistiremos en ello y tampoco, por ahora, en el carácter regresivo de la distribución del ingreso. Señalemos tan sólo que los índices mismos de la producción industrial indican que, tomando los años de 1964 y 1970 como términos de comparación, ramas como la de material de transporte saltaron de 92.4 a 225.2, mientras que industrias de bienes-salario, como la textil, bajaban de 101.6 a 97.2 y la de vestuario y calzado se mantenía prácticamente estancada, en torno a 113. ¡Es difícil imaginar a las capas trabajadoras que, según nuestros autores, se estarían integrando al consumo, contribuyendo a dinamizar el mercado de automóviles, por ejemplo, antes que el de bienes de consumo corriente! La verdad es distinta: el sistema económico impuesto en Brasil por el gran capital nacional y extranjero agrava cada vez más sus rasgos monstruosos, particularmente el aumento del ejército industrial de reserva, bajo la forma de desempleo abierto o disfrazado, y el divorcio entre la estructura productiva y las necesidades de consumo de las amplias masas, volcándose la primera hacia el mercado mundial.

Ha sido a partir de esa visión de las cosas como he planteado, para el caso de Brasil, el concepto de subimperialismo. No pudiendo cerrar los ojos al expansionismo comercial brasileño, algunos de los críticos del sistema ya mencionados han buscado tergiversar el problema, recurriendo incluso, sin inhibiciones al mismo Lenin. La exportación de manufacturas –declaran doctamente– no caracteriza al imperialismo; éste se define por el control de fuentes de materias primas, el reparto del mundo y la exportación de capitales. Aún más, agregan: la exportación de manufacturas llevada a cabo por Brasil no responde a problemas de realización creados por el estrechamiento relativo del mercado interno, sino a la necesidad de remunerar al capital extranjero invertido, en forma directa o indirecta, en la economía brasileña.

Este tipo de argumentación obliga, antes que nada, a

deshacer los equívocos que implica y a restablecer la verdad de los hechos. Afirmar que la exportación de productos manufacturados no basta para caracterizar al imperialismo es, desde luego, una perogrullada. Para demostrarla, nuestros críticos no necesitarían siquiera recurrir al ejemplo de las economías industriales clásicas, en su fase preimperialista: les bastaría indicar que uno de los factores que ha actuado en favor de la industrialización latinoamericana, en su primera etapa, fue justamente la exportación de manufacturas; para ello, no tendrían sino que echar una ojeada a los índices de exportación de textiles, calzados y otros bienes-salario desde América Latina, durante la década de 1940, cuando las economías avanzadas se encontraban absorbidas por el esfuerzo de guerra. Señalemos, de paso, que esto deja mal parada a la tendencia a identificar la industrialización en nuestros países, durante esa primera etapa, exclusivamente con la sustitución de importaciones.

Sin embargo, aun las perogrulladas pueden resultar peligrosas si se dan en abstracto. No es bastante decir que la exportación de manufacturas no caracteriza al imperialismo e ignorar que uno de los rasgos propios del imperialismo es precisamente la agudización de la competencia por mercados. ¿Sería posible que el salto dado por las exportaciones brasileñas totales, que, entre 1964 y 1973, pasaron de menos de 1500 millones de dólares a más de 6 mil millones, siendo que las manufacturas, que no sumaban en valor siquiera 100 millones de dólares (cerca de un 7% del total) se elevaron a 1 800 millones de dólares (casi un 30%), sería posible que esa expansión se hubiera llevado a cabo sin una agresividad creciente hacia el exterior del capital nacional y extranjero que opera en Brasil? ¿No llama la atención que, tan sólo entre 1968 y 1970, las exportaciones de manufacturas hacia Sudamérica hayan evolucionado de 182 millones de dólares a 284 millones, dándose casos –como el de Paraguay– en que la cifra inicial se multiplica por dos? ¿Tampoco deja de ser significativo que las exportaciones globales hacia África, en esos tres años, hayan pasado de 39 millones de dólares a 60 millones y que, en países como Mozambique (por pequeños que sean los datos absolutos), las cifras sean, respectivamente, de 92 mil y 968 mil dólares? Si relacionamos esa expansión comercial con el dinamismo de la estructura industrial brasileña (que desfavorece, como vimos, a las industrias de bienes-salario) y la incapacidad del sistema para incorporar a las masas a la producción y el consumo, entendemos mal el porqué de tanta resistencia a admitir la existencia de problemas de realización *en el interior* de la economía de Brasil.

El hincapié puesto en el expansionismo comercial para contradecir la idea del subimperialismo revela, por lo demás, desconocimiento de hechos. ¿Acaso la política expansionista brasileña en América Latina y África, además de la búsqueda de mercados, no corresponde al intento de asegurarse el control de fuentes de materias primas –como el hierro y el gas de Bolivia, el petróleo de Ecuador y las colonias portuguesas en África, el potencial hidroeléctrico de Paraguay– y, aún más, al de cerrarles las posibilidades de acceso a las mismas a posibles competidores, como Argentina? La ofensiva brasileña sobre esos países y la amenaza que pesa sobre Venezuela y Argentina, así como sobre África, ¿no corresponden al propósito de obtener, *dentro del actual reparto del mundo,* zonas de influencia e imponer incluso la hegemonía de Brasil en el Atlántico Sur? La exportación de capitales brasileños, principalmente a través del Estado (lo que nos muestra a la Petrobrás criolla, convertida en Brazilian Petroleum, bregando por ingresar al cártel internacional del petróleo, así como un incremento constante de los préstamos públicos al exterior), pero también asociados a grupos financieros extranjeros, para explotar las riquezas de Paraguay, Bolivia y las colonias portuguesas de África, para dar algunos ejemplos, ¿no se presenta como un caso particular de exportación de capital, planteado en el marco de lo que puede hacer un país dependiente como Brasil?

En estos términos, resulta poco fundada la tesis de que la expansión externa de Brasil estaría motivada por la necesidad de remunerar al capital extranjero invertido en el país. Es obvio que, como cualquier país importador de capital y tecnología, Brasil debe contar con un margen de divisas suficiente como para hacer frente al pago de royalties, amortizaciones, intereses y a la remesa de beneficios al exterior. Conviene, sin embargo, tener presente que, más que a través de las divisas aportadas por la exportación, ese problema se resuelve precisamente en la medida en que los ingresos de capital extranjero sean superiores a sus salidas,[6] lo que plantea la exigencia de *atraer y retener* ese capital y, por tanto, de *ofrecerle ganancias compensadoras y campos para su acumulación y realización.* Esto es lo que explica por qué empresas como la Volkswagen, pese al *boom* de su producción automotriz entre 1966 y 1973, haya desplazado capitales hacia la producción ganadera para la exportación, así como por qué se están formando consorcios financieros brasileño-extranjeros para operar en América Latina y África. El hecho de que, una vez ingresado al país, el capital extranjero tenga que salir al exterior, sea para realizarse en tanto que mercancía, sea para convertirse en capital productivo, muestra cuán endeble es el argumento de que el expansionismo brasileño no está motivado por problemas de mercado interno.[7] ¡Si se sigue esa pendiente, se acabará por sostener que, en la fase de la economía exportadora, la producción cafetalera brasileña se dirigía al mercado mundial más por gusto que por necesidad!

Finalmente, hay que considerar que –a diferencia de lo que se viene diciendo– la característica central del imperialismo no es ni la exportación de manufacturas o de capitales ni el control de fuentes de energía y materias primas ni el reparto del mundo. Éstas son más bien las manifestaciones que asume la economía capitalista al pasar a la *fase de*

6. Pese a que las remesas al exterior de rentas del capital extranjero pasan de 191 millones de dólares en 1964 a 403 millones en 1971, los ingresos al país por concepto de inversiones directas e indirectas (préstamos y financiamientos) se elevan de 288 millones de dólares a 2 037 millones, haciendo que la situación de las transacciones corrientes de la balanza de pagos pasara de un déficit de 102 millones de dólares a un superávit de 1 287 millones en los años considerados. Datos de los *Anuarios Estadísticos de Brasil* y de *Conjuntura Econômica,* Río de Janeiro, septiembre de 1972.

7. ¡Y no los habría en un país donde, entre 1960 y 1970, el 5% más rico de la población aumentó su participación en el ingreso global de 27.3 a 36.3%, mientras el 80% más pobre bajaba la suya de 45.5 a 36.8%, manteniéndose relativamente estacionaria la del grupo intermedio de 15% de la población (cerca de 27% de participación)!

los monopolios y del capital financiero, como lo han señalado no sólo Lenin, sino también Bujarin, Hilferding y demás autores marxistas que se han ocupado del tema. Sería bueno, en este sentido, tener presente el acelerado proceso de monopolización (vía concentración y centralización del capital) que tuvo lugar en Brasil en los últimos diez años, así como el extraordinario desarrollo del capital financiero, principalmente a partir de 1968. Aun haciendo a un lado a las bolsas de valores, que en su mejor momento (1969) hicieron circular emisiones de capital por el valor de más de 5 mil millones de cruceiros, pero que no han podido mantener ese ritmo, es necesario no olvidar el papel desempeñado por el sistema bancario en el curso del "milagro", y en especial de los bancos de inversión, cuyos depósitos pasaron de mil millones de cruceiros en 1969 a 5 mil millones en 1971, arrojando en este año tasas de ganancia cercanas al 30%.

Todo ello está mostrando que la discusión se encuentra mal planteada y que hay que definir con más precisión los términos en que ella debe darse. La teoría leninista del imperialismo —ella misma un desarrollo de la economía política marxista destinado a explicar las nuevas tendencias del capitalismo mundial a principios del siglo— es un punto obligado de referencia para el estudio del subimperialismo, pero no puede ser invocada para impedir que ese estudio se lleve a cabo. Y no lo puede, entre otras razones, porque está referida al *imperialismo,* no al *subimperialismo.* A riesgo de aburrir al lector, remachando argumentos que se detallan en este libro, me veo forzado a replantear, aunque sea someramente, el marco en el cual el problema debe ser correctamente analizado.

Al desarrollarse la industria en la economía dependiente, esto se hace, en lo fundamental, para sustituir importaciones destinadas a las clases medias y altas de la sociedad. Con el propósito de asegurar el dinamismo de esa estrecha franja de mercado (que corresponde, en general, al 5% de la población total y a la cual se suman sectores del estrato del 15%

inmediatamente inferior), se le traspasa poder de compra retirado a los grupos de bajos ingresos, es decir, a las masas trabajadoras –lo que es posible por el hecho de que éstas, sometidas a la superexplotación, perciben remuneraciones por debajo del valor real de su fuerza de trabajo. Por otra parte, a fin de aumentar la cuota de explotación –y por ende de plusvalía– con base en la mayor productividad del trabajo, se recurre a la importación de capitales y tecnología extranjeros; éstos se encuentran referidos a patrones de consumo accesibles tan sólo a los grupos de altos ingresos, con lo que se mantiene la tendencia a la compresión del consumo popular y se acentúa el divorcio entre la estructura productiva y las necesidades de consumo de las masas.

La absorción de técnicas modernas de producción por economías basadas en la superexplotación empeora la situación de los trabajadores, al expandir en ritmo acelerado el subempleo y la desocupación, o sea, al aumentar el ejército industrial de reserva (condición *sine qua non* para mantener la superexplotación del trabajo); a ello se refiere la categoría de "marginalidad", que preocupa cada vez más a los científicos sociales latinoamericanos. Desde otro punto de vista, e independientemente del progreso técnico, la superexplotación actúa por sí misma en el sentido de agudizar la concentración del capital (en la medida en que convierte parte del fondo de salarios en fondo de acumulación de capital), provocando como contrapartida la depauperización de las masas.

En el plano de la producción, ese tipo de industrialización opera en el sentido de ampliar constantemente las brechas que se van estableciendo:

a) entre las industrias dichas "dinámicas" (productoras de bienes suntuarios –en las condiciones latinoamericanas– así como de bienes intermedios y equipos destinados a esa producción) y las industrias "tradicionales" (productoras de bienes de consumo corriente o, para ser precisos, bienes-salario);
b) entre las grandes empresas, en su mayoría extranjeras o ligadas al capital extranjero, y las empresas medianas y pequeñas. Las primeras predominan, numérica-

mente, en las ramas dinámicas y las segundas en las tradicionales.

El proceso de acumulación en condiciones de superexplotación, o sea el proceso de acumulación dependiente, agudiza así la concentración y la centralización del capital (la monopolización), beneficiando simultáneamente a las ramas industriales que se separan del consumo popular. En otras palabras, la realización del capital tiende a reducir su relación con el mercado interno.

Desde el punto de vista del mercado, o la circulación de mercancías, ese tipo de industrialización conduce, en efecto, a una desproporción creciente entre la producción y el consumo. Los problemas de realización que de allí se derivan tienden a resolverse mediante:

a) la intervención cada vez mayor del Estado en la creación de mercado, a través de obras de infraestructura, de interés social (vivienda, etc.) y, en determinadas condiciones, de la compra de armamentos (lo que provoca sea el estímulo a la producción privada de armamentos, sea la inversión estatal directa en ese sector);
b) la distribución regresiva del ingreso, a fin de aumentar el poder de compra de los grupos altos, y
c) la exportación de manufacturas. Esta última tendencia implica que la esfera de circulación del capital generada por el sector industrial se desplaza hacia el mercado mundial, haciendo revivir bajo nueva forma la antigua economía exportadora de bienes primarios.

La industrialización dependiente, tal como se le ha descrito, presenta a nivel global dos características básicas:

a) es desigual, es decir, da lugar a diferentes grados de desarrollo industrial (y por ende de composición orgánica del capital) en los países dependientes, y
b) reorienta hacia el sector industrial de esos países el capital extranjero, en virtud de las elevadas cuotas de plusvalía que allí se presentan, así como de la posibilidad que ofrece a los países avanzados de exportar hacia ellos ya no sólo bienes de consumo corriente, sino también bienes intermedios y de capital.

Se observa, así, el surgimiento de una nueva división internacional del trabajo, que transfiere —desigualmente, téngase presente— etapas de la producción industrial hacia los países dependientes, mientras los países avanzados se especializan en las etapas superiores; simultáneamente, se perfeccionan los mecanismos de control financiero y tecnológico de estos últimos sobre el conjunto del sistema. La circulación del capital a escala mundial se intensifica y se amplía, al mismo tiempo que se diversifica su acumulación. Sin embargo, siguen actuando las tendencias a la concentración y a la centralización, propias de la acumulación capitalista, aunque ahora también en beneficio de naciones de composición orgánica intermedia. A esto corresponde, *desde el punto de vista estrictamente económico,* el subimperialismo.

El subimperialismo se define, por tanto:

a) a partir de la reestructuración del sistema capitalista mundial que se deriva de la nueva división internacional del trabajo, y
b) a partir de las leyes propias de la economía dependiente, esencialmente: la superexplotación del trabajo, el divorcio entre las fases del ciclo del capital, la monopolización extremada en favor de la industria suntuaria, la integración del capital nacional al capital extranjero o, lo que es lo mismo, la integración de los sistemas de producción (y no simplemente la internacionalización del mercado interno, como dicen algunos autores).

Desde el primer punto de vista, se puede señalar que, entre más de ochenta países dependientes considerados, sólo alrededor de seis ostentan un producto bruto en el cual la producción industrial incide en una proporción cercana al tercio —lo que apunta a una composición orgánica más alta, en principio; entre éstos, en América Latina, se encuentran Brasil, Argentina y México. Sobre el segundo punto, es en esos países donde se observa —paralelamente a un agravamiento de las características anteriormente señaladas respecto a la industrialización dependiente— un mayor desarrollo de los monopolios y del capital financiero, en estrecha conexión con el proceso de integración al capital extranjero.

Hemos dicho ya, en otras oportunidades, que la concreción histórica del subimperialismo no es una cuestión meramente económica. La existencia de condiciones propicias a su desarrollo no asegura de por sí a un país su conversión en un centro subimperialista. Sin embargo, sí se puede afirmar que el subimperialismo corresponde al surgimiento de puntos intermedios en la composición orgánica del capital a nivel mundial, a medida que éste progresa en la integración de los sistemas de producción, así como a la llegada de una economía dependiente a la fase del monopolio y del capital financiero. Igualmente se puede identificar a Brasil como la más pura expresión del subimperialismo, en nuestros días.

Para concluir este prefacio, habría que reiterar la importancia del estudio del subimperialismo para el desarrollo del movimiento revolucionario latinoamericano. Parece ser una ley de la historia que el predominio de una nación sobre otros pueblos confiere a los movimientos políticos que éstos emprenden un carácter unificador. Así fue en Latinoamérica misma, donde las guerras de liberación del siglo XIX se llevaron a cabo en el marco establecido por España y Portugal. En una amplia medida, el hecho de que las colonias españolas, al revés de lo que pasó con Brasil, hubieran conformado una multiplicidad de estados nacionales, al revés de los tres o cuatro que debieran de haber formado, se debe, entre otras causas, a las insuficiencias de su desarrollo económico –que se mantuvo por lo general centrado en torno a una explotación de minerales que anunciaba las futuras economías de enclave– y a la debilidad del control ejercido hacia el interior por los centros político-administrativos creados por la metrópoli.

En la fase de la integración de los sistemas de producción, que el imperialismo promueve hoy, si es cierto que se echan las bases para la revolución mundial, como previó Marx, no lo es menos que ésta pasa por las mediaciones establecidas por particularidades regionales, que determinan su curso y limitan su amplitud. Comoquiera que sea, los procesos que tienen lugar hoy día en el sudeste asiático, en el Medio Oriente o en África negra nos están mostrando que las corrientes revolucionarias tienden a rebasar los marcos nacionales y arrastran consigo a pueblos enteros. La aplicación a esas regiones del concepto de subimperialismo, particularmente por Andrés Gunder Frank y Samir Amin, parece contribuir a aclarar la naturaleza de esos procesos, aunque quede todavía un largo trecho a recorrer antes que el subimperialismo se convierta allí en un elemento explicativo eficaz.

No pasa lo mismo en América Latina. Sea porque ha sido ella la primera región donde el problema se planteó, sea porque aquí el fenómeno, a través de Brasil, adquirió peso y dimensión, el subimperialismo ha pasado a desempeñar un papel determinante en el curso del proceso político de nuestros pueblos. Respuesta de la reacción nacional y extranjera al ascenso de las luchas de clases en la región que se inicia con la Revolución cubana, la afirmación y la proyección externa del subimperialismo brasileño se ha dado *pari passu* con la agudización de las luchas populares en otros países, particularmente los que están en su zona de influencia más directa: Uruguay, Bolivia, Chile y, en cierta medida, Argentina. Desde 1965 se inició la presión de Brasil sobre Uruguay, considerado por los ideólogos del régimen, juntamente con la Guyana, como un punto de primera prioridad en su esquema continental de seguridad; en 1971, cuando los movimientos populares alcanzaban su punto más alto, Brasil desató su gran ofensiva, que, además de afectar radicalmente la situación uruguaya, favoreció la caída de los gobiernos de Torres en Bolivia y de Allende en Chile. Paralelamente, la presencia brasileña se acentuaba en Ecuador y se proyectaba hacia Portugal y África.

Lo mismo que la noción de subimperialismo, la actuación brasileña en el exterior ha dado lugar a posiciones encontradas por parte de las fuerzas políticas y los intelectuales latinoamericanos. Conviene hacer sobre ello algunas consideraciones. La influencia del subimperialismo brasileño no se da autónomamente, sino que se encuentra articulada con la de Estados Unidos, aunque ostente un cierto grado de autonomía e iniciativa respecto a este país. Esto se ha visto claramente cuando, en 1971, mientras Estados Unidos se inclinaba hacia una política más moderada respecto al gobierno de Torres, Brasil propugnaba –y logró imponer– una política más dura. Los acontecimientos bolivianos de 1971 revelaron además lo esencial de la estrategia contrainsurreccional que se aplica hoy en América Latina, la misma que adoptaron las fuerzas golpistas en Brasil en 1964 y que se puso en práctica después en Chile: preparar una sólida base de apoyo para la contrarrevolución (el triángulo Río-Minas-São Paulo, en Brasil; la provincia de Santa Cruz, en Bolivia, y las provincias sureñas de Chile), capaz de permitir el golpe de Estado fulminante o una correlación de fuerzas favorable en el caso de que el intento de golpe desembocara en la guerra civil.

Esta flexibilidad táctica está ya indicando que el éxito de la contrarrevolución depende, en última instancia, de la situación interna del país. En Chile, como en Bolivia,[8] la intervención brasileña y norteamericana debió pasar a través de ésta y, en consecuencia, era a las masas chilenas, sus partidos y el gobierno de la Unidad Popular que cabía pronunciar la última palabra sobre la decisión del proceso que habían puesto en marcha en 1970. Comoquiera que sea, la derrota a la que fue llevado el pueblo de Chile, así como el de Bolivia y Uruguay, le ha costado sufrir en carne propia los métodos de explotación y opresión que se han aplicado en Brasil. La supresión de todas sus conquistas sociales y políticas, las matanzas, la tortura, la rebaja de salarios, la extracción forzosa de plusvalía a que están siendo sometidos los trabajadores chilenos son suficientes para demostrar la gravedad de la amenaza que representa para los pueblos de América Latina la existencia de un sistema como el subimperialismo brasileño, que exporta necesariamente la superexplotación y el terror.

Y, sin embargo, los sucesos chilenos de 1973 amenazan con volverse para el subimperialismo brasileño en una victoria pírrica. El alto grado de organización y conciencia a que habían llegado los obreros y el pueblo de Chile, la presencia

8. El caso de Uruguay es distinto, ya que allí Brasil estaba dispuesto a llegar a la invasión pura y simple, como lo indica el llamado "plan de 30 horas", revelado al público por el ex embajador de Argentina en Brasil, Osiris Villegas.

de una izquierda revolucionaria que ha sabido madurar en las acciones armadas y en la lucha de masas, los lazos de solidaridad y acción común que se están estableciendo entre ella y otras vanguardias del Cono Sur, todo ello está creando las premisas para el inicio, en América Latina, de una amplia contraofensiva revolucionaria y popular, que ponga término a la oleada reaccionaria desatada en la última década. Fábrica por fábrica, ciudad por ciudad, país por país, empieza a forjarse, sobre la base de quince años de lucha, un movimiento revolucionario que sabrá liquidar en nuestra América las formas monstruosas de dominación que nos ha impuesto el gran capital nacional y extranjero.

R.M.M.
Mayo, 1974

. . .todo nuestro esfuerzo está destinado a invitar a pensar, a abordar el marxismo con la seriedad que esta gigantesca doctrina merece.

ERNESTO CHE GUEVARA

I
SUBDESARROLLO Y REVOLUCIÓN

La historia del subdesarrollo latinoamericano es la historia del desarrollo del sistema capitalista mundial. Su estudio es indispensable para quien desee comprender la situación a la que se enfrenta actualmente este sistema y las perspectivas que se le abren. Inversamente, sólo la comprensión segura de la evolución y de los mecanismos que caracterizan a la economía capitalista mundial proporciona el marco adecuado para ubicar y analizar la problemática de América Latina.

Las simplificaciones en las que, por su limitación natural, incurra este trabajo no deben hacer olvidar al lector esa premisa fundamental.

La vinculación al mercado mundial

América Latina surge como tal al incorporarse al sistema capitalista en formación, es decir, cuando la expansión mercantilista europea del siglo XVI. La decadencia de los países ibéricos, que se posesionaron primero de los territorios americanos, engendra en éstos situaciones conflictivas, resultantes de los avances que sobre ellos intentan las demás potencias europeas. Mas es Inglaterra, mediante la dominación que acaba por imponer a Portugal y España, la que predomina finalmente en el control y en la explotación de los mismos.

En el curso de los tres primeros cuartos del siglo XIX, y concomitantemente a la afirmación definitiva del capitalismo industrial en Europa, sobre todo en Inglaterra, la región latinoamericana es llamada a una participación más activa en el mercado mundial, ya como productora de materias primas, ya como consumidora de una parte de la producción liviana europea. La ruptura del monopolio colonial ibérico se impone entonces como una necesidad, desencadenando el proceso de la independencia política, cuyo ciclo queda prácticamente terminado al final del primer cuarto de siglo, dando como resultado las fronteras nacionales que, por lo general, rigen todavía en nuestros días. A partir de este momento, tiene lugar la integración dinámica de los nuevos países al mercado mundial, la cual asume dos modalidades principales que corresponden a las posibilidades reales de cada uno para realizar dicha integración y a los cambios que va sufriendo ésta en función del avance de la industrialización en los países centrales.[1]

Así, en un primer momento, son aquellos países que presentan una cierta infraestructura económica, desarrollada en la fase colonial, y que se muestran capaces de crear condiciones políticas relativamente estables, los que responden más prontamente a las exigencias de la demanda internacional. Chile, Brasil, y un poco después, Argentina, incrementan sensiblemente en ese período su intercambio con las metrópolis europeas, basado en la exportación de alimentos y materias primas como cereales, cobre, azúcar, café, carnes, cueros y lanas. Paralelamente, utilizando inclusive los créditos que para ello les suministra Inglaterra, aumentan sus importaciones de bienes de consumo no durable y dan comienzo a la construcción de un sistema de transportes, mediante obras portuarias y los primeros ferrocarriles, con lo que abren un mercado suplementario a la incipiente producción pesada europea.

A partir de 1875, se hacen sentir ciertos cambios en el capitalismo internacional. Nuevas potencias se proyectan hacia el exterior, sobre todo Alemania y Estados Unidos, y estos últimos empiezan a desarrollar una política propia en el continente latinoamericano que choca muchas veces con los intereses británicos. En el campo mismo del comercio, la influencia norteamericana es considerable, registrándose en algunos países, principalmente Brasil, la tendencia a desplazar sus exportaciones hacia la nueva potencia del norte.[2]

1. Los principales rasgos de estas modalidades o tipos fueron definidos por Celso Furtado y Aníbal Pinto, en diferentes trabajos, y sistematizados por Cardoso y Faletto en *Dependencia y desarrollo en América Latina,* Siglo XXI, México, 1973.

2. El choque de intereses entre Estados Unidos e Inglaterra es ya

Asimismo, en los países centrales aumenta el desarrollo de la industria pesada y la tecnología correspondiente, y la economía se orienta hacia una mayor concentración de las unidades productivas, dando lugar al surgimiento de los monopolios. Estos rasgos, logrados por la acumulación de capital efectuada en las etapas anteriores, aceleran este proceso y fuerzan al capital a buscar campos de aplicación fuera de las fronteras nacionales, mediante empréstitos públicos y privados, financiamientos, inversiones de cartera y, en menor medida, inversiones directas. A diferencia, pues, de los créditos externos que utilizaban antes y que correspondían a operaciones comerciales compensatorias, la función que asume ahora el capital extranjero en América Latina es sustraer abiertamente una parte de la plusvalía que se genera dentro de cada economía nacional, lo que incrementa la concentración del capital en las economías centrales y alimenta el proceso de expansión imperialista.

En parte por el efecto multiplicador de la infraestructura de transportes y del aflujo de capital extranjero, mas sobre todo por la aceleración del proceso de industrialización y de urbanización en los países centrales, la cual infla la demanda mundial de materias primas y alimentos, la economía exportadora latinoamericana experimenta un auge sin precedentes. Este auge está, sin embargo, marcado por una acentuación de su dependencia frente a los países industrializados, a tal punto que los nuevos países que se vinculan en este momento, de manera dinámica, al mercado mundial, desarrollan una modalidad particular de integración.

En efecto, el desarrollo del principal sector de exportación, tiende, en estos países, a ser asegurado por el capital extranjero mediante inversiones directas, quedando a las clases dominantes nacionales el control de actividades secundarias de exportación o la explotación del mercado interno.[3] Aun países que, como Chile, se habían integrado

manifiesto en la implantación de la República en Brasil (1889) y en ia guerra civil chilena (1891), para dar algunos ejemplos. Permite también que un país como Uruguay pueda realizar, después de la ascensión de Batlle al poder, su integración dinámica al mercado mundial en condiciones similares a la de los países ya citados.

3. Esto se debe tanto a las disponibilidades crecientes de capital

dinámicamente a la economía capitalista en su fase anterior, ven caer entonces su principal producto de exportación (el salitre primero, el cobre después) en manos del capital extranjero, mientras que, en Argentina, éste posee los frigoríficos y, en Brasil, controla la exportación del café.

Este hecho, aunque no cambie en lo fundamental el principio en que reposa la economía dependiente latinoamericana, tiene implicaciones de cierto alcance. En efecto, a diferencia de lo que sucede en los países capitalistas centrales, donde la actividad económica está supeditada a la relación existente entre las tasas internas de plusvalía y de inversión, en los países dependientes el mecanismo económico básico deriva de la relación exportación-importación: aunque se obtenga en el interior de la economía, la plusvalía se realiza en la esfera del mercado externo mediante la actividad de exportación, y se traduce en ingresos que se aplican, en su mayor parte, en importaciones. La diferencia entre el valor de la exportación y de las importaciones, es decir, el excedente invertible, sufre pues la acción directa de factores externos a la economía nacional.

Sin embargo, en los países en que la actividad principal de exportación está bajo el control de las clases dominantes locales, existe una cierta autonomía –condicionada evidentemente por la dependencia de la economía frente al mercado mundial– en cuanto a las decisiones de inversión. Por lo general, el excedente se aplica en el sector más rentable de la economía, que es precisamente la actividad de exportación que más lo produjo (lo que explica la afirmación de la tendencia a la monoproducción), pero, ya para atender al consumo de capas de la población que no tienen acceso a los bienes importados, ya como defensa contra las crisis cíclicas que afectan regularmente a las economías centrales, se orienta también hacia actividades vinculadas al mercado interno. Es así como en algunos países, como Argentina,

exportable en las economías centrales, como al carácter más sofisticado y más costoso de la tecnología empleada, que exige fuertes inversiones de capital. De allí se deriva una integración de parte del sistema de producción de esos países a la economía central, pero dicha integración se da en función del mercado mundial y no del mercado interno, como sucederá posteriormente.

Brasil, Uruguay, al lado de una industria vinculada esencialmente a la exportación (frigoríficos, molinos de harina, etc.), llega a desarrollarse una industria liviana que produce para el mercado interno, la cual rebasa el nivel artesanal y da lugar progresivamente a la implantación de núcleos fabriles de relativa importancia.

Distinta es la situación de los países cuya principal actividad de exportación se encuentra en manos de capitalistas extranjeros. La plusvalía lograda en la esfera del comercio mundial pertenece a capitalistas foráneos, y sólo una parte de ella –cuya magnitud varía según el poder de discusión de su interlocutor– pasa a la economía nacional mediante derechos e impuestos pagados al Estado.[4] De esto se derivan dos consecuencias: redistribuida a las clases dominantes locales –que por ello bregan por el control del Estado– esta parte de la plusvalía se convierte en demanda de bienes importados, reduciendo considerablemente el excedente invertible; asimismo, la parte de la plusvalía que permanece en manos del capitalista extranjero sólo se invierte en el país si las condiciones de la economía central lo exigen; no solamente se sustraen regularmente del país, mediante la exportación de beneficios, partes sustanciales de la misma, sino que también, en los ciclos de depresión en la metrópoli, ella fluye íntegramente hacia ésta.

De esta manera, con mayor o menor grado de dependencia, la economía que se crea en los países latinoamericanos, a lo largo del siglo XIX y en las primeras décadas del actual, es una economía exportadora, especializada en la producción de unos cuantos bienes primarios. Una parte variable de la plusvalía que ahí se produce es drenada hacia las economías centrales, ya sea mediante la estructura de precios vigente en el mercado mundial y las prácticas financieras impuestas por esas economías, o a través de la acción

4. La relación entre la inversión extranjera y el carácter más sofisticado de la tecnología que ella emplea, conduce a que la empresa absorba poca mano de obra, produciendo, pues, un monto relativamente bajo de salarios. Dichos salarios se orientan por lo general hacia el consumo de bienes importados y no repercuten de manera efectiva en el mercado interno.

directa de los inversionistas foráneos en el campo de la producción.

Las clases dominantes locales tratan de resarcirse de esta pérdida aumentando el valor absoluto de la plusvalía creada por los trabajadores agrícolas o mineros, es decir, sometiéndolos a un proceso de superexplotación. La superexplotación del trabajo constituye así el principio fundamental de la economía subdesarrollada, con todo lo que implica en materia de bajos salarios, falta de oportunidades de empleo, analfabetismo, subnutrición y represión policiaca.

La integración imperialista de los sistemas de producción

La consolidación del imperialismo como forma dominante del capitalismo internacional no se realiza tranquilamente. En el curso de su evolución, tendrá que pasar por un período extremadamente difícil, que se abre con la guerra de reparto colonial de 1914, progresa con la desorganización impuesta al mercado mundial por la crisis de 1929 y culmina con la guerra por la hegemonía mundial de 1939. La economía que emerge de este proceso restablece la tendencia integradora del imperialismo a un nivel más alto que el precedente, en la medida en que afirma definitivamente la integración en la esfera del mercado e impulsa la etapa de la integración de los sistemas de producción comprendidos en su radio de acción.

En su aspecto más global, este proceso da lugar a tendencias contradictorias. Por un lado, refuerza el sistema imperialista, conformando un centro hegemónico de poder –Estados Unidos de Norteamérica– que impulsa y coordina la integración, al mismo tiempo que la afianza con su poderío militar. Por otro lado, conduce al surgimiento de un campo de fuerzas opuestas: el campo socialista, que nace y se desarrolla en el fuego de los conflictos engendrados por la integración imperialista.

Aun limitándonos, por las exigencias de este ensayo, al análisis de lo que sucede en el interior del sistema imperialista, no podemos ahondar en el estudio de los fenómenos que se verifican en las economías centrales. Señalemos tan sólo que el proceso de integración se acompaña de un incremento acelerado del sector de bienes de capital, particularmente notable en las industrias que, dentro de ese sector, se encuentran vinculadas a la producción bélica. Paralelamente, se produce una hipertrofia del aparato estatal, que se convierte en el principal agente de producción y consumo de la economía, especialmente en lo referente a la industria de guerra.

Si es cierto que la estatización y la militarización imperialistas se realizan en función del campo socialista, también es cierto que obedecen a la dinámica propia del sistema y expresan los mecanismos básicos que lo rigen. En último término, esta dinámica y estos mecanismos están referidos a la acumulación del capital en el interior del sistema, la cual tiende a concentrar –mediante la superexplotación del trabajo en las economías periféricas– partes siempre crecientes de la plusvalía en los centros integradores. El aumento del excedente invertible de que éstos disponen, por mucho que sea malgastado en actividades no productivas, como la industria bélica y la publicidad, acarrea un incremento constante de las inversiones directas en las economías periféricas, a través de las cuales se realiza progresivamente la integración del sistema productivo de éstas al sistema del centro integrador.

Este proceso va aunado al crecimiento y a la diversificación del sistema periférico. En efecto, la crisis del mercado imperialista, que estalla en la segunda década del siglo actual, tiene como consecuencia más importante la de inviabilizar la antigua forma de vinculación al mismo que se había impuesto en América Latina, es decir, la forma de la economía primaria exportadora. Ello se manifiesta como una tendencia permanente, que no se circunscribe sólo a los períodos de retracción del mercado mundial: por el contrario, tanto por el surgimiento de nuevas regiones productoras (impulsado por la expansión imperialista) como por el desarrollo de producciones similares o sustitutos artificiales en las mismas economías centrales, se reducen constantemente las posibilidades de comercio de América Latina, al mismo tiempo que declinan los términos de intercambio.

La crisis del sector externo, representada por las restricciones a la exportación y las dificultades resultantes para satisfacer el consumo interno mediante importaciones, exigía un cambio de actividad económica en la región. La industrialización sustitutiva de importaciones se impuso, pues, en líneas generales, en todos los países latinoamericanos, según las posibilidades reales de su mercado interno y, en consecuencia, del grado de desarrollo logrado en la etapa anterior. Desde 1920 hasta principios de los años 50, muchos países se lanzan por este camino y algunos, como Argentina, Brasil y México, llegan a crear una industria liviana capaz de satisfacer en lo esencial la demanda interna de bienes de consumo no durable.

El hecho que más llama la atención es el carácter relativamente pacífico que asume el tránsito de la economía agraria a la economía industrial en América Latina, en contraste con lo que ocurrió en Europa. Esto ha traído como resultado que muchos estudiosos mantuviesen equivocadamente la tesis de que la revolución burguesa latinoamericana está todavía por hacerse. Aunque sea cierto que la revolución burguesa no se ha realizado en América Latina, según los cánones europeos, este planteamiento es engañoso, ya que no considera que esto se debió a las condiciones objetivas dentro de las cuales se desarrolló la industrialización latinoamericana.

Recordemos, en efecto, que la industria que aquí se desarrolla, en el siglo XIX, tiene un papel complementario al sector de la exportación. Sólo en algunos países, impulsada por las crisis cíclicas del mercado mundial y el crecimiento de la población urbana, constituida en su mayor parte por masas de bajo poder adquisitivo, se desarrolla una industria de bienes de consumo de base marcadamente artesanal.

En el primer caso, los intereses de la industria coinciden rigurosamente con los del sector agrario-mercantil y su despliegue no acarrea una diferenciación efectiva en el seno de las clases dominantes. En el segundo, la clase industrial, que se incluye entre las clases medias urbanas, se constituye por lo general de inmigrantes, quienes, al no integrarse plenamente a la sociedad, no llegan a participar activamente en los choques de intereses que allí se verifican. Proporcionarán, sin embargo, un soporte real para la ideología de clase media que se desenvuelve entonces, proteccionista en lo económico y liberal en lo político, la cual sólo se afirmará allí donde algunos sectores dominantes, entrando en conflicto con los grupos más privilegiados o necesitando enfrentarse a la competencia externa, se hacen eco de ella.[5]

Como quiera que sea, la existencia de este sector industrial dedicado al mercado interno ofrece la base objetiva para un cambio de actividad económica cuando sobreviene la crisis del mercado mundial. La restricción de las importaciones le abre nuevas posibilidades de crecimiento, con el objeto de atender la demanda interna insatisfecha. Por otra parte, este sector se va a beneficiar con el excedente económico producido en la actividad exportadora, mediante la disminución de las oportunidades de inversión que allí se verifica y la tendencia de ese excedente a fluir, a través del sistema bancario, hacia la industria.

El eje del problema reside precisamente en este punto. El sector exportador había sabido defenderse de la coyuntura de depresión vigente en el mercado mundial, ya adoptando políticas de defensa del empleo manifestadas en la compra y la formación de existencias por el Estado (como pasa con el café, en Brasil), ya estableciendo acuerdos comerciales desventajosos, que garantizaban, empero, la salida de la producción (el acuerdo Roca-Runciman, firmado por Argentina e Inglaterra). En estas condiciones, dicho sector mantenía su actividad y, correlativamente, por las dificultades experimentadas para importar, ejercía una presión estimulante sobre la oferta interna, creando la demanda efectiva que la industria trataría de satisfacer.

Es este mecanismo lo que explica que, a pesar de algunos desajustes eventuales en sus relaciones, la burguesía agrario-mercantil y la burguesía industrial ascendente hayan podido pactar en provecho mutuo. El Estado que así se establece es un Estado de compromiso, que refleja la complementariedad objetiva que cimentaba sus relaciones. Sólo en aquellos países donde el sector exportador, controlado directamente por el capital extranjero, no disponía de las

5. Ejemplos de ello son el batllismo en Uruguay, el radicalismo argentino de principios de siglo, el civilismo brasileño.

condiciones necesarias para cambiar su orientación es que las tensiones se hicieron más graves, dando lugar a conflictos radicales que terminaron, sin embargo, por conducir a una situación de represión impuesta por las antiguas clases dominantes, la cual se tradujo en un relativo estancamiento económico.

La lucha por el desarrollo capitalista autónomo

El pacto firmado entre la burguesía agrario-mercantil y la burguesía industrial expresaba una cooperación antagónica y no excluía, pues, los choques de intereses en el seno de la coalición dominante. Las divergencias en materia de política cambiaria y de crédito, los intentos constantes de la burguesía industrial para canalizar hacia sí el excedente generado en el sector exportador, su propósito de asegurar a través del Estado el desarrollo de sectores básicos fueron causas de conflictos interburgueses constantes, que se manifestaron por una inestabilidad política superficial, la cual nunca puso en jaque los cimientos mismos del poder. Tales tensiones resultaban, en último término, de los movimientos del polo económico vinculado al mercado interno, en su progresión para liberarse de la dependencia del polo externo e imponerle a éste su predominio.

La aceleración que, en el curso de la segunda guerra mundial, se produce en el proceso de industrialización latinoamericano y que lanza a nuevos países, como Venezuela, al camino que habían recorrido desde los años treinta Argentina, Brasil y México, refuerza considerablemente el polo interno y crea las condiciones para una lucha más abierta por el predominio dentro de la coalición dominante. En esta lucha, la burguesía industrial echará mano de la presión de las masas citadinas, que aumentaron considerablemente en el período precedente, en el marco de un juego político conocido corrientemente por "populismo". Su fruto será el establecimiento de regímenes de tipo bonapartista, cuyo ejemplo más claro es el gobierno de Perón.

Históricamente, y desde el punto de vista del desarrollo de las fuerzas productivas, esta situación corresponde al término de la etapa de la industrialización de primer grado, sustitutiva de bienes de consumo no durable, y la necesidad de implantar una industria pesada, productora de bienes intermedios, de consumo durable y de capital. La burguesía industrial toma conciencia de esta situación, en principio, por el agotamiento relativo con que choca en el mercado interno la expansión de la industria ligera, de primer grado. Esto la impulsa a intentar la ampliación de la escala de mercado, ya mediante la apertura de frentes externos (política seguida inicialmente por Perón), ya a través de la dinamización del mismo mercado interno, mediante políticas de redistribución del ingreso, que van desde el aumento de salarios hasta el planteamiento de una reforma agraria (lo que sucedió, un poco, con Perón y más con Vargas, en su segundo período de gobierno, 1950-54). Sin embargo, el bloqueo al que se enfrenta la expansión de la industria ligera, aunado a las dificultades para importar los bienes intermedios y equipos necesarios, conducen a la burguesía a encarar la segunda etapa del proceso de industrialización, es decir, la creación de una industria pesada.

En la medida en que esto se combina con la exigencia de ampliar el mercado para la industria liviana y exige un mayor excedente de capital invertible, se hace necesario aumentar las transferencias de capital desde el sector exportador y poner de pie protecciones arancelarias que defiendan el mercado nacional. Es por lo que la burguesía choca simultáneamente con la clase latifundista-mercantil y con los *trusts* internacionales a los que está conectada la economía por sus actividades de exportación e importación.

El bonapartismo se plantea, en esta perspectiva, como el recurso político de que se sirve la burguesía para enfrentarse a sus adversarios. Basándose en las masas populares urbanas, a las que seduce por su fraseología populista y nacionalista, pero más concretamente por sus intentos de redistribución del ingreso, ella intenta poner de pie un nuevo esquema de poder, en el cual, mediante el apoyo de las clases medias y del proletariado y sin romper el esquema de colaboración vigente, le sea posible sobreponerse a las antiguas clases terrateniente y mercantil. Por las implicaciones que tiene en las relaciones económicas con el centro imperialista hegemónico, ello tiende a combinarse con la búsqueda de fórmulas capaces de promover el desarrollo capitalista autónomo del país.

Conviene aquí subrayar que estos cambios en América Latina se hacen visibles en el momento mismo en que, reorganizado el mercado mundial bajo la hegemonía de Estados Unidos, el imperialismo afirma su tendencia a la integración de los sistemas de producción. Ésta es movida por dos razones fundamentales, de las cuales la primera tiene que ver con el avance de la concentración de capital en escala mundial, lo que pone en manos de las grandes compañías internacionales una superabundancia de recursos invertibles que necesitan buscar nuevos campos de aplicación en el exterior. La tendencia declinante del mercado de materias primas y el hecho de que, durante la fase de desorganización de la economía mundial, se desarrolló en las economías periféricas un sector industrial vinculado al mercado interno, hace que sea este sector el que atraiga al capital extranjero que busca oportunidades de inversión.

La segunda razón de la integración de los sistemas de producción es dada por el gran desarrollo del sector de bienes de capital en las economías centrales, el cual fue acompañado de una aceleración considerable del progreso tecnológico. Esto hizo, por un lado, que el tipo de equipos producidos, siempre más sofisticados, debiesen aplicarse a actividades más elaboradas del tipo industrial en los países periféricos, existiendo interés, por parte de las economías centrales, de impulsar allí el proceso de industrialización. Por otro lado, en la medida en que el ritmo del progreso técnico redujo en los países centrales el plazo de reposición del capital fijo de un promedio de ocho a uno de cuatro años,[6] surgió la necesidad, para esos países, de exportar a la periferia equipos y maquinarias que resultaron obsoletos tempranamente, mas aún no totalmente amortizados.

Entonces, en el momento en que las burguesías nacionales de los países latinoamericanos se plantean la conveniencia de desarrollar su propio sector de bienes de capital,

6. Ver Ernest Mandel, *Traité d'économie marxiste,* París, 1962. Hay edición española, Era, México, 1969.

chocan con el asedio del capital extranjero, que las presiona para penetrar en la economía y allí implantar ese sector. Es natural, por lo tanto, que buscando defender su plusvalía y su campo mismo de inversión (recordemos que el campo de inversión representado por la industria ligera daba señales de agotamiento), la primera reacción de esas burguesías haya sido la de resistir el asedio, por lo que formulan una ideología nacionalista, que se orienta hacia la definición de un modelo de desarrollo capitalista autónomo. Pero también se comprende que, aunado al conflicto que ya sostienen con las antiguas clases dominantes internas, la apertura de este segundo frente de lucha haya conducido al fracaso al conjunto de la política burguesa.

El fracaso de la burguesía

La causa fundamental de este fracaso se debe, en último término, a la imposibilidad de la industria para sobreponerse al condicionamiento que le ha impuesto el sector externo, desde sus primeros pasos. Atendiendo a la demanda creada por las clases ricas y utilizando una tecnología importada de los países centrales, cuya característica principal es ahorrar mano de obra, la industria latinoamericana se encontró con un mercado reducido, que trataba de compensar utilizando abusivamente la relación precio-salarios. Esto era posible justamente porque, empleando una tecnología ahorrativa de mano de obra, la industria afrontaba una oferta de trabajo en constante expansión, lo que le permitía fijar los salarios a su más bajo nivel. En contrapartida, el crecimiento del mercado era extremadamente lento y no se podía compensar sino mediante el alza de precios, es decir, la inflación.

Cuando se plantea el problema de la creación de una industria pesada, la burguesía industrial se inclina inicialmente, como vimos, hacia la reformulación de ese esquema. En este sentido, trata de movilizar instrumentos capaces de ampliar la escala del mercado, así como de acelerar la transferencia hacia el sector industrial del excedente creado por las exportaciones. Sin embargo, en su afán de aumentar su plusvalía relativa –aprovechando la oferta mundial de equipos y maquinarias que se incrementa en la posguerra–

acaba por volverse hacia medidas más inmediatas, tendientes a flexibilizar a corto plazo la capacidad para importar.

Ahora bien, vimos que desde los años veinte la capacidad para importar se deterioraba constantemente. Para elevar, pues, el monto de divisas disponibles para la importación de equipos y bienes intermedios, no queda a la burguesía industrial sino transigir con el sector agrario-exportador y darle incluso las facilidades e incentivos que exige para expandir sus actividades. Para hacerlo, sin limitar la acumulación de capital necesario para enfrentar la segunda etapa de industrialización, tiene que descargar sobre las masas trabajadoras de la ciudad y del campo el esfuerzo de capitalización, con lo que afirma una vez más el principio fundamental del sistema subdesarrollado, es decir, la superexplotación del trabajo.

Este fenómeno, claramente manifiesto en la aceleración de la inflación y luego en las políticas de "estabilización", así como en la renuncia a realizar una reforma agraria efectiva, da como consecuencia la ruptura de la base en que se apoyaba la política bonapartista. Al transigir con las antiguas clases dominantes, la burguesía industrial tuvo que abandonar su fraseología revolucionaria, el tema de las reformas de estructura, las políticas de redistribución del ingreso. Con ello se divorció de las aspiraciones de las grandes masas y echó por tierra la posibilidad de mantener con ellas una alianza táctica.

Este proceso se completó con la renuncia de la burguesía a llevar a cabo una política de desarrollo autónomo. En efecto, el asedio de los capitales extranjeros, que se intensifica en los años cincuenta, coincide con la dificultad de las economías latinoamericanas para lograr una flexibilización de su capacidad para importar, mediante la expansión de exportaciones tradicionales (dificultades sobre todo sensibles al terminarse la guerra de Corea). Ahora bien, las compañías extranjeras disponían, como vimos, de equipos y maquinarias obsoletos y no amortizados en las metrópolis, que representaban un adelanto efectivo frente al nivel tecnológico imperante en los países latinoamericanos. La entrada de esos capitales, bajo la forma de inversión directa y, cada vez más, en asociación con empresas locales, constituía una solución conveniente para las dos partes: para el inversionista extranjero, su equipo obsoleto produciría allí utilidades similares a las que podía obtener con un equipo más moderno en su país de origen, en virtud del precio más bajo de la mano de obra local; para la empresa local, se abría la posibilidad de lograr con dicho equipo una plusvalía extraordinaria.

Así, la burguesía industrial latinoamericana evoluciona de la idea de un desarrollo autónomo hacia una integración efectiva con los capitales imperialistas y da lugar a un nuevo tipo de dependencia, mucho más radical que el que rigiera anteriormente. El mecanismo de la asociación de capitales es la forma que consagra esta integración, la cual no solamente desnacionaliza definitivamente la burguesía local, sino que, unida como va a la acentuación del ahorro de mano de obra que caracteriza al sector secundario latinoamericano, consolida la práctica abusiva de precios (que se fijan según el costo de producción de las empresas tecnológicamente más atrasadas) como medio de compensar la reducción concomitante del mercado. El desarrollo capitalista integrado acrecienta, pues, el divorcio entre la burguesía y las masas populares, intensificando la superexplotación a que éstas están sometidas y negándoles lo que representa su reivindicación más elemental: el derecho al trabajo.

La coincidencia de esas dos tendencias –el abandono de la política bonapartista y de las aspiraciones al desarrollo capitalista autónomo– arrastra a la caída a los regímenes liberal-democráticos que habían intentado afirmarse en la posguerra y conduce a la implantación de dictaduras tecnocrático-militares. Ello va unido a la acentuación del papel directivo del Estado y al incremento considerable de los gastos militares, que se constituyen en escala creciente en demanda de una oferta industrial que no puede basarse en la expansión del consumo popular. Con las deformaciones de escala naturales, el imperialismo reproduce así en las economías periféricas de América Latina los mismos rasgos fundamentales que afirmó en las economías centrales, en su tránsito hacia la integración de los sistemas de producción.

El desarrollo capitalista integrado

En el marco de la dialéctica del desarrollo capitalista mundial, el capitalismo latinoamericano reprodujo las leyes generales que rigen el sistema en su conjunto, mas, en su especificidad propia, las acentuó hasta su límite. La superexplotación del trabajo en que se funda lo condujo finalmente a una situación caracterizada por un corte radical entre las tendencias naturales del sistema y, por lo tanto, entre los intereses de las clases beneficiadas por él, y las necesidades más elementales de las grandes masas, que se manifiestan en sus reivindicaciones de trabajo y de consumo. La ley general de la acumulación del capital, que implica la concentración de la riqueza en un polo de la sociedad y el pauperismo absoluto de la gran mayoría del pueblo, se expresa aquí con toda brutalidad y pone a la orden del día la exigencia de formular y practicar una política revolucionaria, de lucha por el socialismo.

Sería ingenuo, sin embargo, creer que el éxito de esa política está inscrito en el orden natural de las cosas y que se deriva necesariamente de la irracionalidad cada día más evidente de la organización económica impuesta por el capitalismo. Si no tomamos conciencia de la situación que atravesamos y no le oponemos una acción sistemática y radical, los pueblos del continente nos arriesgamos a zozobrar durante un período de duración imprevisible en las sombras del esclavismo y del embrutecimiento. Ello es tanto más peligroso porque el sistema ya se moviliza, sea para promover la eliminación física de poblaciones enteras (mediante, por ejemplo, las técnicas de esterilización), sea para organizar un esquema económico y político capaz de constituirse en un instrumento efectivo de contención de las fuerzas revolucionarias emergentes.

En dicho esquema desempeñan papel preponderante los actuales proyectos de integración regional y la dictadura abierta de la clase representada por los regímenes tecnocrático-militares. La integración económica se plantea, en efecto, como una manera de llevar a su culminación, en América Latina, la integración imperialista de los sistemas de producción, en el marco de una situación económica caracterizada por una capacidad potencial creciente de la oferta y una restricción sistemática de las posibilidades de consumo. Esta situación, directamente relacionada con la difusión de una tecnología ahorrativa de mano de obra en una estructura de producción marcadamente monopolista, ha conducido a la formación de islas, caracterizadas por un relativo desarrollo industrial y urbano, desperdigadas entre grandes áreas rurales. En la medida en que la extrema concentración de la propiedad y del ingreso frena el desarrollo de las áreas rurales y de las mismas islas industriales, no se ha pensado en nada mejor que interligar a éstas entre sí y, volviendo la espalda a las hambrientas masas campesinas, integrarlas en un sistema más o menos coherente.

Es evidente que esto impone un nuevo esquema de división internacional del trabajo, que afecta no solamente a las relaciones entre los países latinoamericanos y los centros de dominación imperialista, sino también a las relaciones de aquéllos entre sí. En el primer caso, se transfieren a dichos países ciertas etapas inferiores del proceso de producción, reservándose los centros imperialistas las etapas más avanzadas (como la producción de computadoras, de conjuntos automatizados, de energía nuclear) y el control de la tecnología correspondiente. Cada avance de la industria latinoamericana afirmará, pues, con mayor fuerza su dependencia económica y tecnológica frente a los centros imperialistas. En el segundo caso, se establecen niveles o jerarquías entre los países de la región, según las ramas de producción que desarrollaron o están en condiciones de desarrollar, y se niega a los demás el acceso a dichos tipos de producción, convirtiéndolos en simples mercados consumidores. Las características propias del sistema hacen que este intento de racionalizar la división del trabajo propicie la formación de centros subimperialistas asociados a la metrópoli para explotar a los pueblos vecinos. Su mejor expresión es la política llevada a cabo por el régimen militar de Castelo Branco en Brasil, y que hoy trata de imitar el gobierno argentino.

La reorganización de los sistemas de producción latinoamericanos, en el marco de la integración imperialista y frente al recrudecimiento de las luchas de clase en la región, ha llevado a la implantación de regímenes militares, de corte esencialmente tecnocrático. Su tarea es doble: por un lado, promover los ajustes estructurales necesarios a la puesta en marcha del nuevo orden económico que la integración imperialista requiere; por otro lado, reprimir tanto las aspiraciones de progreso material como los movimientos de reformulación política producidos por la acción de las masas. Reproduciendo a escala mundial la cooperación antagónica llevada a cabo en el interior del país, dichos regímenes establecen una relación de estrecha dependencia con su centro hegemónico: Estados Unidos, al mismo tiempo que chocan continuamente con éste, en su deseo de sacar mayores ventajas del proceso de reorganización en el que se encuentran empeñados.

Vista en su perspectiva histórica más amplia, una América Latina integrada al imperialismo no es más viable que la supervivencia del sistema imperialista mismo. La superexplotación del trabajo en que se funda el imperialismo, bajo cuyo signo se pretende integrar a los países de la región, establece una tal arritmia entre la evolución de las fuerzas productivas y las relaciones de producción que no deja prever sino el derrocamiento del sistema en su conjunto, con todo lo que él representa en explotación, opresión y degradación. Por otra parte, la lucha mundial de los pueblos contra el imperialismo, a la cual se integró victoriosamente América Latina por medio de la Revolución cubana, no depende exclusivamente de lo que quieran y hagan los pueblos de este continente, sino que influye sobre éstos a través de sucesos tan importantes como la guerra de liberación del pueblo vietnamita, la revolución cultural china, la agudización de las luchas de clase en el interior mismo de Estados Unidos.

Sin embargo, parece evidente que mientras más avance el proceso de integración imperialista de los sistemas de producción en América Latina y más efectiva sea la represión que aquí se realice contra los movimientos revolucionarios, más condiciones tendrá el imperialismo para prolongar su existencia a contracorriente de la historia. Inversamente, la generalización de la revolución latinoamericana tiende a destruir los soportes principales que la apoyan y su victoria representará para él el golpe de muerte. Ésta es la responsabilidad histórica de los pueblos latinoamericanos y frente a ella no hay otra actitud posible que la práctica revolucionaria.

El futuro de la revolución latinoamericana

En lo que se refiere a la revolución latinoamericana, se debe hacer notar que, al igual que al ingresar en la etapa de integración imperialista, el capitalismo internacional indujo la formación de un campo de fuerzas antagónicas representado por los países socialistas; así también la integración imperialista de los sistemas de producción en América Latina está forjando su propia negación. Ella se ha manifestado ya en el triunfo del socialismo en Cuba y sigue desarrollándose a través de las luchas de clase que tienen lugar en toda la región y que tiene su expresión más visible en la actividad guerrillera llevada a cabo en Venezuela, Guatemala, Colombia y otros países. El avance incontenible de las masas explotadas se orienta inevitablemente hacia la sustitución del actual sistema de producción por otro que permita la plena expansión de las fuerzas productivas, y que redunde en una elevación efectiva de los niveles de trabajo y de consumo, es decir, el sistema socialista.

En lo fundamental, dos son las tendencias principales que animan hoy al movimiento revolucionario latinoamericano y cuya realización plantea un reto a cuantos se interesen por su victoria. La primera tiene que ver con el establecimiento de una relación más efectiva entre las clases explotadas y sus vanguardias políticas, de las cuales muchas se han lanzado ya a la empresa suprema de la lucha armada. La segunda se refiere a las relaciones que deben establecerse entre esas clases, en el marco más amplio del contexto internacional.

El proceso de industrialización en América Latina, por las características que asumió, ha tenido como principal efecto intensificar la explotación de las masas trabajadoras de la ciudad y del campo. Así, en la medida en que la industria dependió siempre del excedente producido en el sector externo de la economía y quiso siempre absorber partes crecientes del mismo, las clases beneficiadas por la exportación buscaron compensar la pérdida que eso representaba para ellas a través del aumento de la plusvalía absoluta arrancada a las masas campesinas. Esto fue más fácil ya que, por la extrema concentración de la propiedad de la tierra, los trabajadores del campo se vieron privados de las oportunidades mínimas de empleo y tuvieron que ofrecer en el mercado su fuerza de trabajo a un precio vil.

Un fenómeno similar se produjo en las ciudades. Desorganizando la antigua producción artesanal, principal fuente de empleos para las masas urbanas, y beneficiándose de las fuertes migraciones hacia la ciudad de trabajadores que la arcaica estructura agraria no absorbía, los capitalistas industriales se han encontrado con una oferta de mano de obra en constante expansión. El hecho de que, buscando incrementar su plusvalía relativa, hayan echado mano de una tecnología ahorrativa de mano de obra importada de los países centrales, acentuó aún más el crecimiento relativo de la oferta de trabajo, el cual chocó con la reducción sistemática de las oportunidades de empleo en la industria.

La consecuencia principal de esta situación fue que, desmintiendo a los que insisten en ver en la clase obrera latinoamericana un sector privilegiado de la población, la explotación de los trabajadores urbanos se mantuvo siempre en el límite de lo soportable. En la mejor de las hipótesis (correspondiente a la fase de la política bonapartista) no les fue posible sino defender su nivel de vida, sin lograr empero avances efectivos y contentarse con la extensión horizontal del empleo que permitía, mediante el trabajo de un mayor número de miembros, aumentar el ingreso global de las familias proletarias. El progreso tecnológico en la región se expresó, pues, en un incremento simultáneo de la plusvalía absoluta y relativa en las empresas beneficiadas por él, y fue la premisa de la acumulación de capital que permitió a la burguesía marchar hacia la creación de una industria pesada.

El rasgo más dramático de esta situación fue, sin embargo, el crecimiento espantoso de las poblaciones marginales urbanas, aglomeradas en las villas miseria, en las favelas, en las barriadas. Sin una posición definida en el sistema de producción, ya que vive de trabajos ocasionales, ese subproletariado —que llega a superar, en ciertas ciudades, la tercera parte de la población total– ni siquiera ha podido sumarse a la reivindicación básica del proletariado industrial (la extensión horizontal del empleo, o mejor dicho del derecho al trabajo) y se limitó en la mayor parte de los casos a reivindicaciones de consumo. Se ha convertido, así, en el medio de maniobras políticas demagógicas por excelencia y, por su imposibilidad objetiva de desarrollar una conciencia de clase, representó uno de los soportes fundamentales del populismo.

Las ilusiones populistas y nacionalistas, creadas por la burguesía, también encontraron eco en las clases medias. Enfrentándose ellas mismas a la dificultad para ubicarse dentro del sistema de producción, sus reivindicaciones tendieron, en el mejor de los casos, a coincidir con las reivindicaciones de trabajo del proletariado industrial, mas, nada representaron en el sentido de fundar esa aspiración en el análisis científico de las condiciones que la motivaban, es decir, de la tendencia inevitable del sistema a expulsar de las actividades productivas a masas crecientes de la población. Más que esto: la clase media, participando objetivamente del proceso de marginalización que afectaba al subproletariado, coincidió muchas veces con éste en sus reivindicaciones de consumo y confundió inclusive el movimiento propio del subproletariado con la lucha de clase de los trabajadores industriales, con lo que se constituyó ella misma en otro soporte fundamental del populismo.

La diferenciación que el avance de la industrialización ocasionaba en el interior de la clase burguesa, trajo aún más perplejidades a las clases medias. La concentración de las unidades de producción, el desarrollo de la industria pesada, la elevación del nivel tecnológico de la industria, la asociación con el capital extranjero –que constituían aspectos de un solo proceso– fueron percibidos por ellas como realidades independientes, que se podían combatir o defender por separado. En la medida en que ello implicó la conformación de capas burguesas que se beneficiaban de manera desigual de dicho proceso, las clases medias tendieron a aliarse a las capas menos favorecidas y a desarrollar una acción política contradictoria, que no se salió nunca del marco de los conflictos interburgueses.

Así fue como nació el mito de una burguesía nacional opuesta a los intereses del imperialismo, o más precisamente, como se encontró la justificación para adoptar esa categoría, forjada en contextos históricos distintos. Asumiendo el punto de vista de la burguesía más atrasada, económica y tecnológicamente, que no podía siquiera plantearse la posibilidad de asociarse a los capitales extranjeros, y que se enfrentaba ella misma a la amenaza de la proletarización, las clases medias actuaron en el sentido de supeditarle –a ella, que representaba el sector más rezagado de la sociedad– el movimiento progresista de las masas explotadas de la ciudad y del campo. Al mismo tiempo, dichas clases se dejaban seducir por el "desarrollismo" de los grandes grupos económicos, en su marcha hacia una mayor tecnificación y hacia la implantación de una industria pesada, en asociación con el capital extranjero, sin darse cuenta de que así contradecían los intereses de su pretendida "burguesía nacional", para la que ese camino estaba cerrado.

Ahora bien, las vanguardias revolucionarias de América Latina traen, por lo general, el sello de las clases medias. La incomprensión, pues, que éstas revelaron frente al proceso económico de sus países y a la lucha de clases que con base a ese proceso de desarrolló, ha dificultado considerablemente la vinculación efectiva de esas vanguardias con las fuerzas reales de la revolución, principalmente con lo que constituye su columna vertebral: el proletariado industrial. Su posición ambivalente en relación con los conflictos interburgueses no le ha permitido, con raras excepciones, aliarse al proletariado y definir con él una política obrera, de lucha por el socialismo, que eche a andar un frente de los trabajadores de la ciudad y del campo contra el sistema de explotación al que están sometidos.

Sin embargo, sólo esto puede dar pleno sentido a la lucha antiimperialista y llevarla a sus últimas consecuencias. Al definir en el marco nacional una política obrera, las fuerzas revolucionarias estarán poniendo en marcha un proceso que conduce necesariamente a la internacionalización de la revolución y al enfrentamiento directo con el centro hegemónico imperialista. Sus opresores nacionales y extranjeros se previenen ya contra esa eventualidad, tratando de establecer mecanismos de contención tales como los regímenes militares supeditados a la estrategia del Pentágono, la Fuerza Interamericana de Policía, los acuerdos para repetir cuando fuere necesario la experiencia dominicana.

La acción internacionalista de Guevara, la política revolucionaria de Cuba, anticipan la respuesta que darán los pueblos del continente a sus opresores. Más aún, hacen que se perfile en el horizonte lo que parece ser la contribución más original de Latinoamérica a la lucha del proletariado mundial: su carácter internacional. Todo indica que será aquí donde el internacionalismo proletario alcanzará una nueva etapa de su desarrollo y sentará las bases de una sociedad mundial de naciones libres de la explotación del hombre por el hombre.

II
LA DIALÉCTICA DEL DESARROLLO CAPITALISTA EN BRASIL

El golpe militar que depuso al presidente constitucional de Brasil, João Goulart, en abril de 1964, fue presentado por los militares brasileños como una revolución, y definido, un año después, por uno de sus voceros, como una "contrarrevolución preventiva". Por sus repercusiones internacionales, sobre todo en América Latina, y ante las concesiones económicas que tuvo para los capitales norteamericanos, muchos lo consideraron sencillamente como una intervención disfrazada de Estados Unidos. Esta opinión es compartida por ciertos sectores de la izquierda brasileña, que, sin embargo, nunca supieron explicar por qué, en el momento mismo en que parecían llegar al poder, éste les fue arrebatado sorpresivamente, sin que se disparara un solo tiro.

A nosotros nos parece que ninguna explicación de un fenómeno político es buena si lo reduce sólo a uno de sus elementos, y que es decididamente mala si toma por clave justamente a un factor que lo condiciona desde fuera. En un mundo caracterizado por la interdependencia, y más que ello, por la integración, nadie niega la influencia de los factores internacionales sobre las cuestiones internas, principalmente cuando se está en presencia de una economía de las llamadas centrales, dominantes o metropolitanas, y de un país periférico, subdesarrollado. Mas ¿en qué medida se ejerce esta influencia? ¿Qué fuerza tiene, frente a los factores internos específicos de la sociedad sobre la cual actúa?

Brasil, con sus 90 millones de habitantes y una economía industrialmente diversificada, es una realidad social compleja, cuya dinámica, aunque condicionada y limitada por el marco internacional en que se inserta, rehuye las interpretaciones unilaterales. Sin un análisis de la problemática brasileña, de las relaciones de fuerza allí existentes entre los grupos políticos, de las contradicciones de clase que se desarrollaban con base en una configuración económica dada, no se comprenderá el cambio político que experimentó a partir de 1964. Peor que esto, no se podrá relacionar ese desarrollo político con la realidad económico-social que se encuentra en su base, ni estimar las perspectivas probables de su evolución. Perspectivas que, a fin de cuentas, no se refieren tan sólo a Brasil, sino a toda Latinoamérica.

1. POLÍTICA Y LUCHA DE CLASES

La historia política brasileña presenta, en este siglo, dos fases bien caracterizadas. La primera, que va de 1922 a 1937, es de gran agitación social, marcada por varias rebeliones y una revolución, la de 1930. Sus causas pueden buscarse en la industrialización que se produce en el país en la década de 1910, gracias, sobre todo, a la guerra de 1914, que conduce a la economía brasileña a realizar un considerable esfuerzo de sustitución de importaciones. La crisis mundial de 1929 y sus repercusiones sobre el mercado internacional van a mantener en un bajo nivel la capacidad de importación del país y acelerar así su proceso de industrialización.

Las transformaciones que se operan en la estructura económica en ese período se expresan, socialmente, en el surgimiento de una nueva clase media, es decir, de una burguesía industrial directamente vinculada al mercado interno, y de un nuevo proletariado, que pasan a presionar a los antiguos grupos dominantes, para obtener un lugar propio en la sociedad política. El resultado de las luchas desencadenadas por ese conflicto es, por intermedio de la revolución de 1930, un compromiso –el "Estado Nôvo" de 1937, bajo la dictadura de Getúlio Vargas– con el cual la burguesía se estabiliza en el poder, en asociación con los terratenientes y los viejos grupos comerciantes, al mismo tiempo que establece un esquema particular de relaciones con el proletariado. En este esquema, el proletariado será beneficiado por toda una serie de concesiones sociales (concretadas sobre todo en la legislación laboral del "Estado Nôvo") y, de otra parte, encuadrado en una organización sindical rígida, que lo subordina al gobierno, dentro de un modelo de tipo corporatista.

La coalición dominante: la primera fisura

Con pequeños cambios, y a pesar de que se derroca, en 1945, a la dictadura de Vargas, este compromiso político, este contrato social si se le puede llamar así, se mantiene estable hasta 1950. Empieza entonces un nuevo período de agudas luchas políticas, de las que el suicidio de Vargas (que regresa al poder, a través de elecciones), en 1954, es el primer fruto, y que conducirán al país, en diez años tormentosos, al golpe militar de 1964. En la raíz de esas luchas encontramos el esfuerzo de la burguesía industrial por poner a su servicio el aparato del Estado y los recursos económicos disponibles, rompiendo o, por lo menos, transgrediendo las reglas del juego que se habían fijado en 1937. Las razones, en verdad, son más profundas: se asiste, en ese período, a la deterioración de las condiciones en las que se basaban esas reglas, lo que se debe, por una parte, al crecimiento constante del sector industrial, y por otra, a las dificultades que, apareciendo primero en el sector externo, hicieron que la complementariedad hasta entonces existente entre el desarrollo industrial y las actividades agrario-exportadoras se convirtieran en una verdadera oposición.

Junto con la escisión vertical que se producía entre las clases dominantes, las presiones de las masas en busca de nuevas conquistas sociales rompen el dique que la dictadura les impuso hasta 1945, y que el gobierno fuerte del mariscal Dutra (1945-50) había mantenido. La fuerza ascendente del movimiento de masas, que se expresa ya en la elección de Vargas para presidente de la República (cuando, por primera vez en Brasil, llegó al poder un candidato de la oposición), es estimulada por la burguesía, que se apoya en ella para quebrar la resistencia de las antiguas clases dominantes. Esa alianza era posible porque, proponiendo un amplio programa de expansión económica, la burguesía abría perspectivas de empleo y de elevación del nivel de vida a la clase obrera y a las clases medias urbanas, creando así una zona de intereses comunes que tendían a expresarse políticamente en un comportamiento homogéneo. Esa tendencia será acentuada por la burguesía a través del manejo de las directivas sindicales (vía Ministerio del Trabajo), y por el impulso que dio a las ideas nacionalistas, que le permitieron ejercer un control ideológico sobre las masas.

Reflejando esa correlación de fuerzas, Getulio Vargas no tarda en definirse por una política progresista y nacionalista, de la que fueron frutos: la creación, en 1952, del Banco Nacional de Desarrollo Económico; la decisión de concretar el Plan Salte (programación de las inversiones públicas en los sectores de salud, alimentación, transporte y energía); el Plan Nacional de Carreteras y el Fondo Nacional de Electrificación; el reequipamiento de la marina mercante y del sistema portuario; el monopolio estatal del petróleo (Petrobrás) y el proyecto de monopolio estatal de energía eléctrica (Electrobrás). El envío al Congreso de un proyecto de ley limitando los beneficios extraordinarios y los pronunciamientos favorables a la restricción de la exportación de beneficios, fueron acompañados, por el gobierno, de una política laboral destinada a atraer el apoyo obrero y que Vargas confía a un joven gaucho desconocido, llamado João Goulart, a quien nombra ministro del Trabajo.

En un esfuerzo por movilizar de modo orgánico a las masas obreras, Goulart echa mano de diferentes métodos, desde el aumento de 100% del salario mínimo (congelado desde 1945) hasta la organización unitaria de las directivas sindicales. La demostración de fuerza que representó el I Congreso Nacional de la Previsión Social en Río, y los ataques que allí, rodeado de conocidos líderes comunistas, lanzó Goulart contra las oligarquías dominantes y la explotación imperialista conmovieron a la derecha y asustaron a las clases dominantes con la amenaza de una "república sindicalista", de tipo peronista. Las estrechas relaciones de amistad que mantenían el Brasil de Vargas y la Argentina de Perón reforzaban ese temor. Presionado furiosamente, Goulart se vio obligado a abandonar el ministerio y exiliarse en Uruguay.

Era, para Vargas, el principio del fin. Retrocediendo ante la reacción derechista, trató de calmar la furia de la oposición con varias medidas, entre ellas la Ley de Seguridad Nacional y la prorrogación y ampliación del acuerdo militar Brasil-Estados Unidos. La primera, sin consecuencias inmediatas, creaba el marco jurídico para la represión del movimiento popular, que el gobierno militar de 1964 utilizaría ampliamente; el segundo, ponía definitivamente a las fuerzas armadas brasileñas bajo la influencia del Pentágono norteamericano. Mas el mejor ejemplo de la política de conciliación de Vargas fue la reforma cambiaria de 1953, por la cual se buscó incrementar las exportaciones y contener las importaciones (realizadas, bajo el control gubernamental, en el mercado oficial), al mismo tiempo que, transfiriéndolas al mercado libre, se liberaba la entrada y salida de capitales.

Esa reforma cambiaria, si tuvo poca influencia sobre las exportaciones, comprimió fuertemente el nivel de las importaciones, equilibrando provisionalmente las cuentas externas del país, aunque buena parte del saldo así obtenido fue absorbido por la evasión de divisas permitidas por el nuevo sistema. La caída del precio internacional del café y la reducción del volumen de las exportaciones brasileñas hacen que, en 1954, la balanza comercial vuelva a presentar un déficit, lanzando nuevamente a la economía a una grave crisis cambiaria. Internamente, la marcha de la inflación (el promedio mensual de los precios pasa de 175 en 1953 a 222 en 1954) impulsa al movimiento obrero a reivindicar reajustes de salarios, contando ahora los sindicatos con el recurso efectivo de la huelga (cuyo derecho fue conquistado, de hecho, con el gran paro de los metalúrgicos, vidrieros y gráficos en São Paulo, en 1953).

Sobre esa base, la campaña de la derecha se intensifica, dirigida por un periodista llamado Carlos Lacerda, frente a Vargas cuya política de conciliación le aisló de las masas y atrajo la oposición de sus fuerzas organizadas, sobre todo de los comunistas. Un intento de asesinar a Lacerda, aunque frustrado, proporciona el pretexto para que se exija la renuncia del Presidente, puesto que varios miembros de su gabinete habían quedado comprometidos. En la madrugada del 24 de agosto, virtualmente depuesto, Getúlio Vargas se suicida, dándose un tiro en el corazón.

"Una vez más –decía en un mensaje póstumo, divulgado poco después por Goulart– las fuerzas y los intereses contrarios al pueblo se unieron y nuevamente se desencadenaron contra mí." Tras denunciar como responsables de su muerte a los grupos económicos nacionales e internacionales, Vargas concluía: "He luchado mes a mes, día a día, hora a hora, resistiendo a una presión constante, incesante, soportando todo en silencio, olvidando todo, renunciando a mí mismo para defender al pueblo, que ahora se queda desamparado. No puedo daros nada más que no sea mi propia sangre."

Se cerraba así un período de gobierno que marca la eclosión de las contradicciones que se venían gestando hacía mucho en el proceso de desarrollo económico de Brasil. El hecho básico a considerar es que la industria nacional se expandió gracias al sistema semicolonial de exportación, que caracterizó a la economía brasileña antes de los años 30, y que esa industria no sufrió limitación o competencia sensible, en virtud de las condiciones excepcionales que habían creado la crisis de 1929 y el conflicto mundial. El compromiso político de 1937 había tenido por base esa realidad objetiva. Hacia los años 50, la situación cambia. Mientras la industria se empeña en mantener altos los tipos de cambio, lo que la lleva a chocar con el sector agrario-exportador, cuyas ganancias quedaban así disminuidas, este sector ya no puede ofrecer a la industria el monto de divisas que le proporcionaba en otros tiempos. Por el contrario, se hace muchas veces necesario que, a través de la formación de existencias generosamente pagadas, el gobierno garantice las ganancias de los plantadores y exportadores, existencias que, en verdad, corresponden a la inmovilización de recursos necesarios a la actividad industrial.

La crisis del sector externo de la economía brasileña expresaba, por lo tanto, la ruptura de la complementariedad que había caracterizado a las relaciones de la industria con las actividades agrario-exportadoras, y se agravaba con otro elemento, la remuneración del capital extranjero. Como observa Caio Prado Júnior, los gastos anuales medios relativos a la exportación de capital fueron, en el período 1949-53, de casi 3 mil millones de cruceiros, suma sólo superada por la exportación de café y muy superior a la que se gastó en la importación de equipos mecánicos y vehículos de motor, que constituyen suplementos esenciales a la economía.[1] Como la remuneración del capital extranjero sólo puede cubrirse normalmente con los recursos de la exportación, y como se asistía a una crisis de la exportación, era evidente la interacción de esos dos elementos del sector externo y sus repercusiones sobre los intereses de la industria.

Las luchas políticas de 1954 reflejaron la agudización de esas contradicciones de la sociedad brasileña y se terminaron con una tregua, no con una solución. Tras la muerte de Vargas, efectivamente, se intentó un compromiso, entregándose la presidencia de la República a Café Filho, vicepresidente cuya candidatura fue presentada por el Partido Socialista, al mismo tiempo que se le rodeaba de un ministerio donde la derecha se encontraba muy bien representada. El importante Ministerio de la Hacienda quedó en manos de Eugenio Gudin, abiertamente favorable a la más estrecha colaboración con el capital extranjero y contrario a todo programa intensivo de industrialización.

Ese compromiso mostraba, en realidad, el callejón donde se encontraban las fuerzas brasileñas. El gobierno abandonó los arrojados proyectos de Vargas para hacer lo que se llamó "un sondeo de la política económica por regresar a su modelo convencional, preocupada por la estabilidad a través de la contención de la demanda global".[2] Hasta 1956, ninguna iniciativa importante marcó la acción gubernamental capaz de alterar el equilibrio relativo que se estableciera entre los grupos dominantes, a excepción de la Instrucción 113, de la Superintendencia de la Moneda y del Crédito, actual Banco Central.

Esa Instrucción, sin alterar el sistema cambiario vigente, daba facilidades excepcionales al ingreso de capitales extranjeros, en la medida en que permitía que las máquinas y

1. Caio Prado Júnior, *História econômica do Brasil*, São Paulo, Ed. Brasiliense, 1959, p. 321.

2. Centro de Desarrollo Económico CEPAL-Banco Nacional de Desarrollo Económico de Brasil, *15 anos de política econômica do Brasil*, 1964, mimeografiado, p. 16.

equipos introducidos en el país por empresas extranjeras no tuvieran cobertura cambiaria, exigencia que se mantenía para las empresas nacionales. Bajo la vigencia de esa norma, combinada con la ley 2.145/54, es decir, de 1955 a 1961, el importe total de capitales extranjeros, que bajo la forma de financiamientos o inversiones directas entraron en el país, fue de unos 2 300 millones de dólares. Hecho que, como veremos, no podría dejar de tener influencia sobre el equilibrio social y político existente.

Por este medio, la burguesía industrial tomaba una posición frente a la crisis que había surgido en el sector externo. Agobiada por la escasez de divisas, que amenazaba con un colapso de todo el sistema industrial, la burguesía aceptaba el suministro de divisas necesarias a la superación de esa crisis por parte de los grupos extranjeros, concediéndoles a cambio una amplia libertad de ingreso y de acción y renunciando, por lo tanto, a la política nacionalista que se había esbozado con Vargas. Las condiciones especiales de la economía norteamericana, más que nunca necesitada de nuevos campos de inversión, garantizaban el acuerdo.

Latifundio contra industria

Es evidente que ese acuerdo no fue firmado mientras se tomaba el té. En noviembre de 1955, tras una tentativa de la derecha para quedarse sola en el poder, se verificó lo que se llamó, con un eufemismo, el "contragolpe del 11 de noviembre", bajo el mando del ministro de Guerra, mariscal Teixeira Lott. Se aseguró, así, la toma de posesión en la presidencia y vicepresidencia de la República de los candidatos elegidos, en octubre, por la coalición del Partido Social Demócrata y el Partido Laborista: Juscelino Kubitschek, ex gobernador de Minas Gerais, y João Goulart.

Desde el primer año de su gobierno, 1956, el nuevo presidente lanzó un ambicioso programa de desarrollo económico —el Plan de Metas— cuya aplicación empezó al año siguiente. Aunque contaba con facilidades arancelarias y estímulos fiscales a la iniciativa privada, el Plan se respaldaba, principalmente, en las inversiones públicas en sectores básicos y en los ingresos de capital extranjero. Para mantener el ritmo previsto, se hacía necesaria una inversión monetaria importante en las obras públicas y en la construcción civil; Kubitschek prefirió concentrarlas, *ad suam majorem gloriam,* en la edificación de una nueva capital: Brasilia.

La expansión económica que se logró fue apreciable; mas hay que examinar las condiciones en que se produjo, para que se comprenda cómo evolucionaron las relaciones de clase. Un primer punto que se debe destacar es la participación del capital extranjero. Dijimos que el total de inversiones y financiaciones de origen externo suma casi 2 500 millones de dólares para el período, lo que indica un refuerzo considerable de la posición de los grupos extranjeros en la economía brasileña. Las formas específicas que asume ese refuerzo se pueden imaginar si señalamos que casi la totalidad de esa suma se destinó a las actividades infraestructurales y a la industria ligera y pesada, y si se considera que grandes partes, de difícil estimación, de esos capitales vinieron como asociados a empresas nacionales, las cuales, procediendo así, se aprovecharon de la facilidad creada por la Instrucción 113 para la importación de equipos sin cobertura cambiaria. Es natural, por lo tanto, que en virtud del crecimiento de la intervención del factor extranjero en la economía y de los lazos que el mecanismo de la asociación estableció entre este sector y el nacional, los grupos económicos internacionales vieran crecer su influencia en la sociedad política brasileña.

Otra consecuencia tendrá la ampliación en la intervención del sector extranjero, y será su repercusión sobre las relaciones existentes entre el sector industrial y el agrario-exportador. Efectivamente, la deterioración de la situación económica de este último, que ya señalamos, no correspondió a la depreciación de su fuerza política. Eso no se debió tan sólo a la firme posición que ocupaba en la estructura política, ni al dominio que ejercía sobre la masa campesina, decisivo en el juego electoral, sino también a la dependencia en que se encontraba todavía la industria en relación con la exportación, fuente de divisas para sus importaciones, dependencia que la extensión del sector extranjero vino a acentuar: "... los beneficios obtenidos por las empresas imperialistas en Brasil sólo se pueden liquidar (y sólo entonces constituirán para ellos verdaderos lucros) con los saldos de nuestro comercio exterior, por ser de la exportación de donde proceden nuestros recursos en moneda extranjera. Descontada la parte de esos recursos que se destinan a pagar las importaciones, es del saldo restante, y solamente de él, de donde podrá salir el beneficio de las inversiones hechas aquí por los *trusts*".[3]

Esta observación tiene implicaciones seguras en el análisis de las relaciones de clase, tal como se desarrollaron en ese período. Es de hecho evidente que la tregua que se estableció entre los grupos industriales y agrario-exportadores en la fase de ejecución del Plan de Metas, terminó por traducirse en un incremento de su solidaridad mutua, gracias a la influencia del capital extranjero invertido en la industria, al que le importa mucho más el aumento de las ganancias de la exportación. Se comprende así que en el proceso de intensiva capitalización que representó el período de Kubitschek, la industria haya permitido, sin protestar, que una buena parte del aumento de la productividad urbana fuera transferida hacia el sector agrario-exportador, por mediación de la mecánica de los precios,[4] como incentivo a las actividades de este sector; y que haya igualmente aceptado la política de almacenamiento del café, destinada a sostener los precios internacionales del producto, que absorbió, entre 1954 y 1960, nada menos que 147 mil millones de cruceiros, correspondientes a un promedio anual de 1.32% del producto nacional bruto.[5]

Pero si la contradicción entre los sectores industrial y agrario-exportador tendía a disminuir, otra oposición, nueva en cierta manera, hacía su aparición en la economía brasileña. El examen del cuadro de los precios de intercambio entre los productos agrícolas e industriales no muestra tan sólo una transferencia de renta urbana hacia la agricul-

3. Caio Prado Júnior, *op. cit.*, p. 325.

4. Los precios agrícolas globales pasaron del índice 222.6 en 1954 a 686.3 en 1960, mientras el índice de los precios industriales progresó de 204.2 a apenas 462.4 en los años considerados (1949 = 100). *Síntesis del Plan Trienal de Desarrollo,* publicada por la Presidencia de la República de Brasil, diciembre de 1962, p. 126.

5. *15 anos . . .*, p. 66.

tura en general, sino que, en particular, una fuerte transferencia hacia la agricultura que produce para el mercado interno.[6] Si se considera que, en el período 1955-60 en que se acentúa esa tendencia, la tasa de expansión de la producción agrícola para el mercado interno disminuye (pasando de 4.9% en el período 1947-54 a 4.3% en 1955-60), mientras se eleva la tasa anual de crecimiento industrial (de 8.8% a 10.4% en los períodos considerados), se concluirá que la aceleración de la transferencia de rendimientos relativos a la productividad urbana hacia el campo se debe, básicamente, a una rigidez relativa de la oferta de bienes agrícolas, frente a una demanda urbana creciente.[7]

La causa fundamental de esa rigidez no ha de buscarse muy lejos: "Todos los estudios e investigaciones sobre las causas del atraso relativo de la agricultura brasileña, de su baja productividad y de la pobreza de las poblaciones rurales conducen, unánime e inevitablemente, a la identificación de sus orígenes en la deficiente estructura agraria del país", dirá el gobierno de Goulart, al lanzar su Plan Trienal de Desarrollo, subrayando: "El rasgo característico de esa estructura agraria arcaica y superada, que está en conflicto peligroso con las necesidades sociales y materiales de la población brasileña, es la absurda y antieconómica distribución de las tierras."[8]

Esa estructura, que deja en las manos de menos del 26% de los propietarios más de la mitad de las tierras, mientras mantiene en el 10% de éstas al 75% de la población activa rural en condiciones de muy baja productividad, coloca a la mayoría de los campesinos en una situación permanente de subempleo y de miseria, permitiendo, además, que a través del alquiler de la tierra, toda la riqueza producida en el sector agrícola se la apropie una minoría de terratenientes.

6. Si el índice relativo de los precios agrícolas en general y los precios industriales, tomando por base a 1949, pasa de 118.8 en 1955 a 148.4 en 1960, el de los precios del producto agrícola para el mercado interno elévase de 109 a 147.6 en los años considerados, presentando, pues, una progresión más rápida. *Plan Trienal*. . .. p. 126.

7. *Ibid.*, p. 127.

8. *Ibid.*, pp. 140-141.

Tal estructura es un obstáculo a la ampliación del mercado interno para los productos industriales. Por lo tanto, en un momento, en que las inversiones extranjeras en la industria tienden a minimizar el divorcio creciente entre los intereses industriales y los del sector agrario-exportador, la oposición entre la industria y la agricultura para el mercado interno agrava la contradicción existente entre el sector industrial y el sector agrícola, globalmente. La consecuencia es el planteamiento cada vez más urgente de la reforma agraria.

Esta verdad será aún más evidente cuando, hacia 1960, declinen los ingresos de capital extranjero, al mismo tiempo que, pasado el período de maduración de las inversiones, los grupos internacionales vuelvan a presionar sobre la balanza de pagos, para exportar sus beneficios. En este momento —sobre todo grave por la tendencia a la baja de los precios de exportación— la expansión industrial brasileña se verá contenida de dos maneras: desde el exterior, por la crisis de la balanza de pagos, que no deja otra alternativa sino devaluar la moneda, dificultando todavía más las importaciones esenciales, o contener la exportación de beneficios y ampliar el mercado internacional para los productos brasileños; y desde el interior, por el agotamiento del mercado para los productos industriales, el cual sólo podrá ampliarse a través de la reforma de la estructura agraria. Ahí se funda, desde el punto de vista de la burguesía industrial, el binomio política externa independiente-reforma agraria, que dominará el debate político a partir de 1960. De manera general, este dilema es el mismo que se presentó hacia los años 1953-54 y que desencadenó la crisis política colmada por el suicidio de Vargas. Se podría decir, entonces, que con ayuda sobre todo de la Instrucción 113, se logró superar la crisis sin solucionarla, y que su aplazamiento sólo condujo a que volviera a presentarse con mayor violencia. Aquí es donde debemos verificar el comportamiento de factores que, teniendo todavía un papel secundario en la crisis de 1954, habían continuado desarrollándose.

La escisión horizontal

Dijimos que, gracias sobre todo al alquiler de la tierra, la estructura agraria brasileña permite el drenaje de toda la riqueza producida en el campo hacia una minoría de grandes propietarios. Más grave es que cualquier cambio tecnológico introducido en el trabajo agrícola, como la utilización de equipos y fertilizantes producidos por la industria, no se refleja en una mejora real de la situación del campesino. Al contrario es fuente de desempleo, que fuerza al trabajador rural a huir a las ciudades, donde va, por una parte, a sumarse al triste cuadro de las favelas cariocas, de los mocambos de Recife, de las ciudades satélites de Brasilia, y, por otra parte, a envilecer el nivel de los salarios urbanos, por el aumento de la oferta de mano de obra. Además, mientras la introducción de la tecnología en la agricultura aumenta el nivel de la productividad (subió de 100 en 1950 a 127.7 en 1960 el producto por persona ocupada en la agricultura), esa estructura impide que esas ganancias vayan al trabajador, pasando el aumento de la productividad a significar tan sólo intensificación de la explotación del trabajo.

Es natural, pues, que en la segunda mitad de la década del 50, se agudizasen las luchas en el campo por la posesión de la tierra. En 1958, surge en Galilea, Pernambuco, la primera liga campesina bajo el liderato de Francisco Juliao. El movimiento se amplía rápidamente y, en poco tiempo, se desborda hacia el noreste y llega al sur, sobre todo al viejo y oligárquico estado de Minas Gerais. Mera asociación de autodefensa y solidaridad, al principio, las ligas campesinas no tardan en situarse en el escenario político con una bandera arrancada de las manos a las clases dominantes: la reforma agraria radical. El Congreso nacional de los campesinos, efectuado en 1961, en Belo Horizonte, con una representación de más de mil líderes rurales de todo el país, expresa la afirmación definitiva del movimiento campesino. La reforma agraria dejaba de ser un tema para la discusión de los expertos y se convertía en uno de los factores más importantes de la lucha de masas en Brasil.

De una manera más sutil, la cuestión agraria influirá también sobre el movimiento de masas en la ciudad. Supliendo constantemente, con sus excedentes, el mercado urbano de trabajo, la estructura agraria brasileña contribuía a que el nivel de los salarios se mantuviera estacionario, al mismo tiempo que, por el aumento desproporcionado de los precios agrícolas, forzaba violentamente el alza del costo de la vida. El fenómeno afectaba también a la clase media asalariada, cuyos ingresos estuvieron siempre en función del salario mínimo obrero.

Esta tendencia era reforzada por la política general del gobierno, y se constituía en una necesidad del programa de industrialización, el cual dependía de una intensificación del proceso de acumulación de capital. "Durante el período del Plan de Metas –dice un estudio del Centro de Desarrollo Económico CEPAL-BNDE– se procuró mantener constantes los salarios nominales, resistiéndose a la concesión de reajustes, y facilitándose la captación de ahorros forzados de los sectores de ingresos contractuales." Y añade: "Es evidente que el factor mayor para el éxito de esa política fue la presencia de una oferta flexible de mano de obra sin un elevado grado de organización sindical . . . [siendo el] comportamiento salarial de indiscutible importancia en la obtención de altas tasas de inversión."[9]

Gracias a este expediente, fue posible contener de manera relativa las presiones inflacionarias en esta fase de intenso desarrollo económico, de tal manera que la tasa de inflación, que fuera de 14.9% en 1953, no fue más allá del promedio de 22.7% en el período 1957-59. Desde 1959, sin embargo, un factor perturbador interviene en el comportamiento de la economía, representado por la ascensión espectacular de los movimientos reivindicativos de la clase obrera, que viene a presionar para detener la caída del poder de compra de los salarios. La razón directa de esta tendencia puede buscarse en la elevación brusca del costo de la vida, determinada, principalmente, por el alza de los precios de los productos alimenticios, que se vuelve sensible a partir de este año.

Esa elevación del costo de la vida coincide con la acelera-

9. *15 anos . . .*, p. 63.

ción del grado de organización sindical de la clase obrera. En efecto, mientras crecían por la industrialización los efectivos del ejército obrero, los sindicatos pasaron a buscar fórmulas para superar los obstáculos a su acción común, que derivaban de la legislación heredada del "Estado Nôvo": en la imposibilidad inmediata de formar una directiva única, los "pactos de acción conjunta" permitiéronles coordinar sus acciones. Eso fue sensible especialmente en los trabajadores de las empresas estatales o paraestatales —como Petrobrás, los ferrocarriles y las administraciones de los puertos— cuya importancia económica y estratégica les proporcionaba mayor poder de discusión. La llamada "huelga de la paridad", que reunió, en Río de Janeiro, hacia fines de 1960 a los portuarios, estibadores y marítimos, con el apoyo de otras categorías, fue una demostración de fuerza del movimiento obrero, cuya importancia estriba en que no le fue posible al gobierno detenerla a través del manejo de los "pelegos" al servicio del Ministerio del Trabajo.

La consecuencia es que la curva de los salarios, que después de un período estacionario presentó una tendencia al descenso desde 1956, indica, a partir de 1961, una ligera recuperación. Al intento de las clases empresariales de contestar a la presión sindical con nuevos aumentos de precios (el costo de la vida sube de 24% en 1960 a 81% en 1963), la clase obrera contesta con la obtención de reajustes salariales. Eso se ve cuando se considera que el salario mínimo urbano, en el período 1955-60, se mantuvo estable por un promedio de 25 meses, y pasa a reajustarse todos los años, después de 1961, y hasta de seis en seis meses, a partir de 1963.

La inflación es, normalmente, un mecanismo por el cual las clases dominantes de una sociedad buscan mejorar su participación en el monto de las riquezas producidas. En el Brasil de los 60, su aceleración indicaba una lucha entre precios y salarios que sólo significaba que la inflación, como instrumento de acumulación de capital, dejaba de ser eficaz. Era imposible continuar financiando la industrialización a través de ahorros forzados, cuando se tenía el nivel de vida popular comprimido al máximo (gracias a la erosión constante a que habían estado sometidos los salarios) y un movimiento sindical en mejores condiciones para defenderse. Paralelamente a la disputa entre las clases dominantes por las ganancias originadas en el aumento de la productividad (que mostramos, al tratar de la relación entre precios industriales y agrícolas), esas clases tenían que enfrentarse ahora con la resistencia opuesta por las masas populares. Inútilmente la tasa de inflación saltará de 25% en 1960 a 43% en 1961, a 55% en 1962 y a 81% en 1963; de ser un mecanismo de distribución de la renta en favor de las clases dominantes, el proceso inflacionario se convierte en una lucha a muerte entre todas las clases de la sociedad brasileña para la propia supervivencia, y no podría terminar de otra manera sino poniendo a esa sociedad frente a la necesidad de una solución de fuerza.

El desarrollo económico que el país experimentó desde la segunda década del siglo lo había conducido a una crisis, que se había podido contornar, en 1954, gracias al insuficiente grado de agudización de las contradicciones que contenía. En los primeros años de la década del 60, sin embargo, tales contradicciones asumían un carácter mucho más grave, no solamente desde el punto de vista de las relaciones externas, como pretenden muchos, sino también desde las oposiciones que se habían desarrollado en el interior mismo de la sociedad. A la escisión vertical que oponía la burguesía industrial al sector agrario-exportador y a los grupos extranjeros, en 1954, se sumaba, ahora, horizontalmente, la oposición entre las clases dominantes, como un todo, y las masas trabajadoras de la ciudad y del campo.

El bonapartismo de Quadros

De enero de 1961 a abril de 1964, el país presenció tres intentos de implantar un gobierno fuerte, tentativas que se basaron en diferentes coaliciones de clase y que reflejaron, en último término, la correlación real de fuerzas en la sociedad brasileña. La primera, concretada en el gobierno de Janio Quadros, que sucedió, por vía electoral, a Juscelino Kubitschek, representó un ensayo de bonapartismo carismático, ungido de legalidad y teñido de progresismo en grado suficiente para obtener la adhesión de las masas, al mismo tiempo que lo bastante liberado de compromisos partidarios para que, en nombre del interés nacional, pudiese arbitrar los conflictos de clase. No perteneciendo a los cuadros del principal partido que lo apoyó –la Unión Democrática Nacional– y siendo por su naturaleza contrario a la actuación política basada en fuerzas organizadas, Quadros era aún más indicado para ese papel en virtud de la ambigüedad que había marcado su llegada al poder: candidato de la derecha, lograría enorme penetración popular, gracias a los temas estabilidad monetaria - reformas estructurales - política externa independiente en que centró su campaña electoral.

Declarado presidente, se rodeó de un ministerio conservador e inexpresivo, dejando claro, desde el principio, que gobernaría solo, pues sus ministros eran solamente secretarios particulares. Su primera medida de gobierno fue aplastar violentamente, incluso moviendo una parte de la escuadra, una huelga estudiantil sin importancia, acaecida en Recife. En lo sucesivo, su comportamiento fue el de un déspota, despectivo frente a cualquier tipo de presión y mostrando un soberano desprecio por los sindicatos, las directivas estudiantiles, los órganos patronales, los partidos políticos, en fin, por cualquier forma de organización.

Su iniciativa más notable fue la reformulación general del esquema cambiario. Por medio de la Instrucción 204, de la SUMOC, y su complemento, quedó abolido el sistema adoptado en 1953, extinción que alcanzaba a todos los regímenes establecidos bajo tal sistema, incluso la Instrucción 113. El nuevo esquema cambiario creaba un solo mercado para las importaciones y exportaciones, donde la tasa de cambio se fijaba libremente –dejando así de ser uno de los instrumentos primordiales de la política económica. El gobierno sustituía ese instrumento por la tributación interna sobre las importaciones y exportaciones, por la utilización de cuotas de retención de los beneficios y por la emisión de bonos de importación. Aumentaba de este modo las disponibilidades del tesoro público, al mismo tiempo que beneficiaba a las exportaciones, gracias a la devaluación monetaria provocada por la Instrucción 204.

La nueva política cambiaria fue considerada, por amplios sectores de la izquierda, como una capitulación de Quadros frente a los intereses del sector agrario-exportador y de los grupos extranjeros, expresados éstos por el Fondo Monetario Internacional. Esto nos parece una simplificación. Es significativo, en efecto, que los grandes grupos económicos, ya sean de la industria o de la agricultura y comercio de exportación (en una palabra, la economía de São Paulo), aplaudiesen las directrices gubernamentales. La oposición partió, sobre todo, de los productores de café de tipo inferior, principalmente los del estado de Paraná, y de los grupos comerciales a ellos ligados, cuya actividad antieconómica fue sancionada por Quadros a través de la tributación diferencial, y de los sectores industriales que se encontraban en situación económica difícil o que estaban todavía en fase de implantación (necesitados, por lo tanto, de los privilegios concedidos por el antiguo sistema cambiario), que tienen su mejor ejemplo en la industria textil de todo el país, y en la joven siderurgia de Minas Gerais.

La liberación de los cambios tenía, pues, un doble objetivo: desahogar el sector externo, abriendo perspectivas para superar la grave crisis en que vivía, ampliando al mismo tiempo los recursos del Estado para atender a los compromisos de la deuda exterior, y permitir, a través de un mayor liberalismo económico, que la economía interna marchase hacia una "racionalización", es decir, eliminase a los sectores considerados antieconómicos o todavía incapaces de enfrentarse a la competencia. No es necesaria mucha perspicacia para ver que eso libraba a las empresas medias y pequeñas al apetito de los grandes grupos económicos.

La misma tendencia se manifestó en la política relativa al capital extranjero. Anulando los privilegios que había tenido hasta entonces, la Instrucción 204 no establecía limitación alguna a su actividad. El proyecto de ley, presentado al Congreso por el gobierno, en el que se proponía reglamentar la exportación de beneficios, se basaba, a su vez, en métodos liberales, principalmente la tributación. Ningún límite cuantitativo se planteaba allí a la exportación de beneficios y tan sólo se ofrecían ventajas fiscales a aquellos que se reinvertían en el país.

Simultáneamente, el gobierno trató de aliviar al sector externo en otras dos direcciones: primero, negociando la recomposición de la deuda exterior, mientras gestiona la obtención de nuevos créditos en Estados Unidos y en Europa y, un poco más tarde, también en los países socialistas; segundo, planteando la reformulación del comercio exterior, con objeto de ampliar el mercado para las exportaciones tradicionales, pero también diversificar las exportaciones, con la inclusión de productos manufacturados.

Es natural, pues, que la diplomacia brasileña presentase cambios sensibles. Quadros inició conversaciones para normalizar las relaciones con los países socialistas, en especial con la Unión Soviética (interrumpidas desde 1947); envió una misión comercial a China, encabezada por el vicepresidente Goulart; inició una activa política africana, abriendo nuevas embajadas y consulados y enviando misiones comerciales a los jóvenes países de África, esbozó también una política nueva en relación a Latinoamérica.

En este campo, la cuestión cubana desempeña un papel importante. Manifestando siempre su simpatía por la Revolución de Castro, Quadros reprueba abiertamente el intento de invasión de 1961, y define su posición: el pueblo cubano tiene derecho a autodeterminarse, y hay que impedir que, con motivo de la cuestión cubana, los países latinoamericanos se conviertan en mero juguete en el conflicto norteamericano-soviético. La única solución es la constitución de un bloque autónomo que sirva de contrapeso a la influencia norteamericana y permita a Latinoamérica solucionar libremente sus problemas. Este bloque, en las condiciones vigentes de 1961, tendría por eje a Brasil y Argentina. En abril de ese año, en Uruguaiana, en la frontera brasileño-argentina, Quadros y Frondizi se ponen de acuerdo sobre esas cuestiones.

La política exterior apareció como la faz más espectacular del gobierno de Quadros, quien la utilizó conscientemente para solucionar no sólo el problema de mercado que apremiaba a la economía brasileña, sino el de los créditos externos que se necesitaban. Esto permitió a Brasil presentarse como una de las estrellas en la Conferencia de Punta del Este, en agosto de 1961, de donde saldría la Alianza para el Progreso. Decidiendo enviar un diplomático de alto rango a la conferencia neutralista de Belgrado, fijada para septiembre; condecorando al ministro cubano Ernesto "Che" Guevara; estableciendo una correspondencia personal con el premier soviético Jruschev, donde se planteaba abiertamente la posibilidad de ayuda económica a Brasil, y preparando cuidadosamente la delegación brasileña que participaría en la sesión anual de las Naciones Unidas, Quadros mostraba que evolucionaba cada vez más hacia una posición de autonomía en el plano internacional, dispuesto a aprovecharse, al estilo nasserista, de las ventajas que eso podía proporcionarle.

En el interior, esa política externa rendía también sus dividendos. El respaldo unánime que le daba el pueblo y la importancia que las cuestiones internacionales asumían en el debate político permitían a Quadros hacer olvidar los sacrificios que su política económica representaba para las capas menos favorecidas. Es natural que la contención de las emisiones monetarias, la supresión de los subsidios a bienes esenciales de importación (como el trigo y el petróleo) y la libertad cambiaria se manifestaban en la elevación del costo de la vida. Quadros no parecía inclinado, sin embargo, a permitir un aumento correlativo de los salarios. Despreciando la presión de los sindicatos y la oposición parlamentaria, convocaba a la nación al sacrificio de una "política de austeridad".

Por otra parte, atacaba los problemas estructurales internos, sobre todo el agrario, a través de medidas de efecto inmediato, mientras exigía del Congreso una reforma global. El establecimiento de una política de precios mínimos, favorables al agricultor medio y pequeño, fue seguida por la creación del "crédito rural móvil", suministrado, sin dificultades burocráticas, por unidades volantes del Banco del Brasil. Hería con eso, hondamente, la estructura del dominio de los latifundistas y especuladores comerciales sobre los campesinos, estructura que se apoyaba principalmente en la fijación de precios a la producción y en el agio.

Abriendo tantos frentes, que despertaban el descontento de los más distintos sectores, desde los comunistas hasta los de extrema derecha, Quadros se escudaba sólo en su fuerza personal, no preocupándose nunca de resguardarse en un dispositivo político, popular y militar propio. Cuando, después de dos o tres ataques de Lacerda, renunció sorpresivamente a la presidencia el 25 de agosto de 1961, su prestigio popular llegaba a la culminación y nada parecía, en verdad, amenazar su posición. ¿Qué había pasado?

Se admite que, al desafiarle, Lacerda estaba respaldado por los ministros militares y cubierto por grupos patronales insatisfechos con la política de Quadros. Cuando éste trató de impedir que Lacerda hablase por la televisión el 24 de agosto, los jefes militares se negaron a cumplir sus órdenes. Se le forzaba, así, a arreglarse con la derecha o a declararle la guerra, y su renuncia fue una estratagema para eludir ese dilema. Quadros tenía conciencia de su fuerza política, confirmada por el hecho de que la derecha no osaba atacarlo de frente, limitándose a intentar contenerlo. La circunstancia de encontrarse sin sucesor legal, al renunciar (el vicepresidente Goulart estaba en China), llevaría al país al caos, pues, en cualquier hipótesis, Quadros se sentía seguro de que la derecha le prefería mil veces más a él que a Goulart. Renunciando (proceso que empleó, con éxito, durante la campaña electoral, para doblegar a la UDN), esperaba volver al poder en brazos del pueblo, disponiendo de una fuerza tal que ya nadie –ni el Congreso, ni los partidos, ni los militares– podría enfrentársele. Si las articulaciones de la derecha, bajo el liderato de Lacerda, permiten, pues, que se hable de una tentativa de golpe, la respuesta de Quadros, a través de su renuncia, era también de un gesto "golpista", inscribiéndose ambas en la tendencia hacia el gobierno de fuerza que caracterizaba a la política brasileña.

Goulart y la colaboración de clases

Los acontecimientos que siguieron confirmaron y desmintieron, al mismo tiempo, las esperanzas de Quadros. Tenía razón al creer que su renuncia llevaría al país al borde de la guerra civil, pero se engañaba al pensar que el movimiento popular le restituiría el poder. Al contrario de lo que le decía su concepción carismática y pequeñoburguesa de la política, el pueblo como tal no existe, sino como fuerzas populares que se mueven siempre bajo la dirección de grupos organizados. La desconfianza que inspiraba a esas fuerzas hizo que ellas tratasen de aprovechar a su manera el caos que su renuncia había creado. El pueblo, como esperaba Quadros, salió a las calles para enfrentarse a la derecha, pero no tomó su nombre como bandera y sí el de Goulart, mucho más ligado a las directivas de las masas.

Tras un intento fracasado de los ministros militares de Quadros para, anunciando lo que pasaría en 1964, someter el país a la tutela militar, y gracias sobre todo a la resistencia opuesta por el gobernador de Río Grande do Sul, Leonel Brizola, el vicepresidente João Goulart asumió por fin la presidencia, aunque en el marco de un compromiso que sustituía el régimen presidencial por el parlamentario. Se trataba, evidentemente, de una tregua. Muy pronto, Goulart dejó claro que no aceptaría la situación, iniciando una campaña cada vez más violenta de desmoralización del parlamentarismo. Por otra parte, si, a nivel de la política externa, se mantenía el dinamismo impreso por Quadros, en el plan interno se entraba en una fase de relativo inmovilismo.

Es necesario observar aquí que ese inmovilismo no era exclusivamente, ni siquiera principalmente, el resultado de la tregua parlamentaria, como Goulart y sus partidarios daban a entender, sino, por encima de todo, del estancamiento de la expansión industrial y del equilibrio a que habían llegado las tensiones sociales. En efecto, desde 1962 la tasa de inversiones declina (señal segura de que había caído la tasa de beneficios), mientras, reforzados por la movilización provocada por la crisis de agosto, los movimientos reivindicativos de la clase obrera y de la pequeña burguesía se vuelven cada vez más agresivos. Era evidente que la economía brasileña estaba en un callejón sin salida. La tregua política, resultante de esa situación, la agravaba, ya que no permitía a ninguna clase imponer una solución.

La fuerza de Goulart en el movimiento sindical llevó a la burguesía a depositar en él sus esperanzas de contenerlo y utilizarlo en su intento de constituir un gobierno fuerte, capaz de atacar a los dos factores determinantes de la crisis económica (el sector externo y la cuestión agraria), abriéndole así a la economía nuevas perspectivas de expansión. Es decir, que se intentará sustituir el liderazgo carismático de Quadros, basado en una concepción abstracta de la autoridad, por un liderazgo de masas, sostenido por fuerzas organizadas y con una ideología definida. Esa tendencia se concretó por la actuación de Goulart, quien se movió en dos direcciones: montó, poco a poco, un dispositivo militar propio y reforzó su posición en el movimiento sindical. Data de esta fecha el surgimiento de un organismo nuevo que tendría gran repercusión en el equilibrio de las fuerzas políticas: el Comando General de los Trabajadores, cuya constitución era una superación de los obstáculos levantados por la legislación del "Estado Nôvo" hacia la unificación del gobierno sindical. Apoyado por la fracción militar progresista y por el CGT, Goulart desarrolló la campaña de 1962, por el retorno al presidencialismo.

Lo que así resurgía en el panorama político brasileño era una forma de Frente Popular que Vargas había intentado, sin atreverse a concretarla, y que se convirtió, posteriormente, en una orientación estratégica del Partido Comunista. Bajo el liderazgo de Goulart y presentando como finalidad la obtención de "reformas de base", ese amplio movimiento, a través de la movilización militar y de dos huelgas generales (5 de julio y 14 de septiembre de 1962), doblegó la resistencia de los sectores reaccionarios del Congreso y logró la convocación de un plebiscito para decidir sobre la forma nacional de gobierno. El 6 de enero de 1963, por aplastante mayoría, el pueblo brasileño aprobó la derogación de la enmienda constitucional de 1961 y la devolución de los poderes presidenciales a Goulart. Parecía, finalmente, que la tendencia bonapartista que se esbozaba en el escenario político de la nación iba a concretarse y que vencería la tesis, preconizada por el PCB, de un gobierno de la burguesía industrial respaldado por la clase obrera.

La tarea fundamental del nuevo gobierno era hacer frente a la situación económica, cuya deterioración se manifestaba en dos índices: disminución de la tasa de crecimiento del producto nacional de 7.7% en 1961 a 5.5% en 1962 (con un aumento demográfico de 3.1% al año); y elevación de la tasa de inflación de 37% en 1961 a 51% en 1962. Todavía en diciembre de 1962, Goulart dio a conocer su plan económico, el llamado Plan Trienal de Desarrollo (1963-65). En líneas generales, se trataba de un conjunto de medidas destinadas a reactivar el crecimiento económico y a promover progresivamente un regreso a la estabilidad monetaria. La palabra "desinflación", que estuviera de moda en el período de Quadros, volvía a los periódicos y declaraciones oficiales.[10] En este sentido, se preveía la reducción del 4% en los gastos gubernamentales y una reforma tributaria, destinadas ambas medidas a reducir el déficit de más de 700 mil millones de cruceiros a 300 mil millones; la renegociación de la deuda externa con el aplazamiento de los pagos; la disciplina del mercado interno de capitales; una contención relativa de los salarios y sueldos en proporción al aumento de la productividad, y, en consecuencia, la reducción del aumento del nivel general de los precios, de 50% en 1962 a 25% en 1963 y a 10% en 1965. Paralelamente, trazaba el Plan una serie de directrices para las reformas estructurales: administrativa, bancaria, fiscal y agraria.

El fracaso del Plan Trienal, en el mismo año de 1963, no se debió, en última instancia, al hecho de que se trataba de una programación defectuosa, sino a la contradicción misma que se encontraba en la base del gobierno de Goulart. Nacido de un movimiento popular, que se desplegó en agosto de 1961 y culminó con el plebiscito de 1963, ese gobierno tenía por misión, desde el punto de vista de la burguesía, restablecer las condiciones necesarias a la rentabilidad de las inversiones –es decir, detener la tendencia a la baja que acusaba la tasa de beneficios. A largo plazo, eso significaba ampliar el mercado interno a través de una reforma agraria que, mientras no diera resultados, se compensaría con la ampliación del mercado externo buscado por la política exterior. A corto plazo, se trataba de disciplinar el mercado existente, conteniendo el movimiento reivindicativo de las clases asalariadas. Es decir, que trayendo el sello de un gobierno popular, se le exigía al gobierno de

10. La expresión "desinflación" se utilizó por primera vez en el período de Kubitschek, en el plan de estabilización financiera presentado por su ministro de Hacienda, Lucas Lopes, que no llegó a aplicarse. Ver Embajada de Brasil en Estados Unidos, *Survey of the Brazilian Economy*, 1958, p. 71.

Goulart que tuviera una actuación impopular, reprimiendo las reivindicaciones de las masas. Así, cuando, tras la protesta de los grupos independientes de izquierda y de los sindicatos, el PCB se vio forzado a condenar el Plan Trienal (el primer fruto de un gobierno que tenía todo su respaldo), no hacía, en verdad, sino confesar la imposibilidad de su "frente único" obrero-burgués. Esa condenación, en efecto, tendría que hacerla el PCB cualquiera que fuera el plan del gobierno, ya que no son las fases cíclicas de depresión las más indicadas para que se establezca una colaboración de clases entre la burguesía y el proletariado.

La radicalización política

Otro factor contribuía a dificultar el tipo de alianza que Goulart y el PCB, cada uno por su lado, buscaban. El ascenso del movimiento de masas, que se advertía desde el fin del gobierno de Kubitschek y se acelerara con la crisis de agosto de 1961, se había reflejado en el plano político de modo perturbador. El movimiento de izquierda –que se dividía, hasta 1960, entre el PC y el ala izquierda del nacionalismo– sufrió varios fraccionamientos desde 1961. En enero de ese año se constituyó la Organización Revolucionaria Marxista –más conocida por POLOP, en virtud de su órgano de divulgación *Política Operária*– que se propuso restablecer el carácter revolucionario del marxismo-leninismo que el PCB traicionaba. Esa ruptura del monopolio marxista hasta entonces en manos del PCB (con excepción de la reducida fracción trotskista) era solamente una señal: en 1962 se produjo el cisma interno del Partido Comunista brasileño, entre su directiva y un grupo del Comité Central, constituyéndose los disidentes en un partido independiente: el PC de Brasil, teniendo como vocero el periódico *Classe Operária.* El mismo año, Francisco Julião, en su manifiesto de Ouro Preto, llama a la formación del Movimiento Radical Tiradentes e inicia la publicación del periódico *Liga,* pero se escinde en octubre el MRT. Surge, finalmente, la Acción Popular, iniciativa de los católicos de izquierda, que tiene como vocero el periódico *Brasil Urgente.* Esa proliferación de organizaciones se completa con las corrientes que se forman alrededor de líderes populares, como Brizola y Miguel Arraes, gobernador de Pernambuco, y se encuentran en la cumbre en el Frente de Movilización Popular, en Río de Janeiro, que reúne, además, a los principales organismos de masas, como el CGT, el Comando General de los Sargentos, la Unión Nacional de los Estudiantes, la Confederación de los Trabajadores Agrícolas, la Asociación de Marineros. En este parlamento de las izquierdas, el sector radical se opone con una fuerza cada vez mayor al ala reformista, encabezada por el PCB, en lo que se refiere a la posición a asumir frente al gobierno.

El aumento de los movimientos de masas y la polarización que se efectuaba en su representación política repercutieron inmediatamente sobre las clases dominantes. Protestando contra la amenaza de reforma agraria, los latifundistas, bajo la dirección de la Sociedad Rural Brasileña, empezaron a armar milicias. Formaciones urbanas del mismo tipo –como el Grupo de Acción Patriótica (dirigido por el almirante Heck, uno de los ministros militares de Quadros), las Milicias Anticomunistas (vinculadas al gobernador Lacerda) y la Patrulla Auxiliar Brasileña (financiada por el gobernador de São Paulo, Ademar de Barros)– hicieron su aparición, mientras los industriales de São Paulo y de Río formaban una "sociedad de estudios" –el Instituto de Investigaciones Económicas y Sociales (IIES)– que se destinaba a reunir fondos para la actuación contra el gobierno.

La intervención norteamericana no tardó tampoco en revelarse. Como declaró públicamente el subsecretario Thomas Mann, los créditos de la ALPRO, sin pasar por el gobierno federal, se dirigían a aquellos gobernadores "capaces de sostener la democracia"; sólo el gobernador Lacerda recibió, entre 1961 y 1963, 71 millones de dólares por esa vía. El embajador Lincoln Gordon desplegaba una actividad inmensa junto a las clases empresariales. Y un organismo directamente financiado por los grupos extranjeros y –como denunció el gobierno de Goulart– por la Embajada de Estados Unidos, el Instituto Brasileño de Acción Democrática (IBAD), interfirió abiertamente en la vida política, sosteniendo a un grupo parlamentario (Acción Democrática

Parlamentaria) y financiando, en las elecciones, a los candidatos de su preferencia.[11]

Esta movilización de las clases dominantes mostraba que el esquema burgués-popular, bajo el cual se formó el gobierno de Goulart, era impracticable. Frente a la intensificación de la lucha de clases (que la tasa de inflación relativa a 1963, de 81%, claramente expresa) y el estancamiento de la producción (aumento bruto de 2.1%, con las inversiones aún en recesión), la burguesía retiraba cada vez más su apoyo a Goulart y se dejaba ganar por el pánico difundido por los grupos reaccionarios. Además, como señalamos, la expansión del sector extranjero de la economía, su penetración intensiva en el campo industrial y su organización en el plan político, a través de órganos como el IBAD, contribuían a diluir la resistencia burguesa. El fracaso de Goulart, al tratar de contener al movimiento reivindicatorio de las masas –el Plan Trienal se frustrará justamente por eso, más específicamente por el aumento de sueldos logrado por la burocracia pública, en octubre de 1963– y la radicalización política, que llegaba ya a las fuerzas armadas (rebelión de los sargentos en Brasilia en septiembre de 1963), alejaron progresivamente a la burguesía de Goulart.

Ese divorcio fue agravado por la polarización a la derecha que se produjo en las clases medias. Sufriendo una violenta compresión de su nivel de vida y ocurriendo esto bajo un gobierno llamado de izquierda, esas clases se hicieron cada vez más permeables a la propaganda que les presentaba las reivindicaciones obreras como el elemento determinante del alza del costo de la vida; las huelgas sucesivas que paralizaban los transportes y demás servicios públicos, afectándolas directamente, les parecían una confirmación de que el país se encontraba al borde del caos y

11. Los gastos del IBAD en los comicios para gobernador de Pernambuco en 1962, por ejemplo, en que apoyó al adversario de Miguel Arraes, João Cleofas, representaron alrededor de 500 millones de cruceiros, como comprobó la Comisión parlamentaria que investigó la actuación de ese organismo. Sobre la intervención norteamericana en la política de Brasil en ese período, véase el informe periodístico de Robinson Rojas, *Estados Unidos en Brasil*, Santiago de Chile, Prensa Latinoamericana, 1965.

las llevaron a aceptar la tesis de la derecha, de que todo eso no era sino un plan comunista. La intervención de la Iglesia católica precipitó esa tendencia. A través del "rosario en familia" se realizaron, en todas las ciudades, concentraciones hogareñas anticomunistas. De ahí se pasó a las manifestaciones públicas, a las llamadas "marchas de la familia, con Dios, por la libertad". En enero de 1964, con ocasión del Congreso Unitario de los Trabajadores de América Latina, que se debería realizar allí, la pequeña burguesía de Belo Horizonte salió a la calle, azuzada por los latifundistas y los curas, y logró que se transfiriera a Brasilia. Por primera vez, desde el "integralismo" fascista de los años 30, la derecha movilizaba a las masas. Los conflictos populares, entre grupos radicales, se hicieron cada vez más frecuentes y violentos, y el país pasó a vivir un clima prerrevolucionario.

Goulart, sintiendo que la tierra se movía bajo sus pies, intentó volverse a la izquierda. Su mensaje anual al Congreso, en los primeros meses de 1964, constituía un ultimátum para la aprobación de las reformas de base. Luego, emprendió la movilización popular. En el mitin del 13 de marzo, en Río de Janeiro, que reunió alrededor de 500 mil personas, dio a conocer al pueblo varios decretos, entre ellos el de la limitación de los alquileres urbanos, el de la nacionalización de las refinerías petroleras privadas y el de la incautación de las tierras al borde de las carreteras. Allí, con los representantes del CGT, de los estudiantes y de los sargentos, al lado de Brizola y Arraes, y frente a las pancartas del PCB y demás organizaciones de izquierda, Goulart aceptaba la prueba de fuerza con la reacción. El 13 de marzo, las clases dominantes, vieron a la izquierda unida, anunciando el fin de una era.

Mas si la estrategia de Goulart fue buena para devolverle un año antes los poderes presidenciales, no lo era para hacerlo el dictador de un gobierno popular. Cuando la rebelión de los marinos y su confraternización con los trabajadores en el Sindicato de los Metalúrgicos, en Río, quebró días después la disciplina militar y dio pretexto a la derecha para evocar a los soviets, su dispositivo de sustentación se escindió. La fracción militar le hizo saber que no le seguiría apoyando si no disolvía al CGT y liquidaba a las organizaciones de izquierda. Ceder ante los militares era convertirse en su prisionero, y un prisionero sin valor, puesto que Goulart no ignoraba que toda su fuerza política reposaba en el prestigio que le daba unirse a los sindicatos. Por otra parte, confiando siempre en que su triunfo dependía de la superioridad que tuviese en términos militares, Goulart no había creado las condiciones efectivas para una insurrección popular. El comportamiento de la mayoría de la izquierda, sobre todo del PCB, con su teoría de la revolución pacífica y su cretinismo parlamentario, tuvo el mismo efecto, desarmando a las masas.

El 2 de abril, alegando no querer derramar sangre, Goulart pasaba la frontera brasileño-uruguaya. La víspera se había constituido un gobierno provisional que, aunque ilegítimo (el Presidente constitucional se encontraba todavía en Brasil), fue reconocido por Estados Unidos. Siete días después, las fuerzas armadas se adueñaban del poder, proclamando el Acta Institucional, que suspendía prácticamente la Constitución.

La intervención militar

El análisis de los hechos muestra claramente que no tienen razón los que ven al actual régimen militar de Brasil como el resultado de una acción externa. El intento fracasado de 1961 dejó claramente expresado que una intervención militar sólo podría tener éxito si: *a*) correspondía a una situación objetiva de crisis de la sociedad brasileña, y *b*) se insertaba dentro del juego de las fuerzas políticas en conflicto. El respaldo que los militares recibieron de la pequeña burguesía, expresado en la "marcha de la familia" que reunió, el 2 de abril de 1964, a un millón de manifestantes en Río, es señal evidente de que la acción de las fuerzas armadas correspondía a una realidad social objetiva. Otra confirmación es la adhesión unánime que recibieron de las clases dominantes.

Es necesario comprender que la escisión que se produjo en las clases medias y que las llevó, bajo banderas extremistas opuestas, a chocar violentamente en las calles, en los primeros meses de 1964 (eso pasó sobre todo en Minas

Gerais, de donde procedió el movimiento armado que derrocó a Goulart), indicaba claramente que las tensiones sociales habían llegado a un punto crítico. Tales tensiones oponían con fuerza creciente las clases dominantes, como un bloque, al proletariado, a las capas radicales de la pequeña burguesía urbana (de las que fue expresión el brizolismo) y a los campesinos y trabajadores rurales, a causa de la agudización de las contradicciones que analizamos anteriormente.

Si se considera, en efecto, el modelo de las crisis políticas por las que pasó el país, se verá claramente que, desde 1961, las fuerzas populares ganaban autonomía de acción y las crisis se resolvían cada vez menos fácilmente por acuerdos palaciegos. En el "movimiento pro legalidad", que se desplegó tras la renuncia de Quadros, fue todavía posible a los grupos políticos dominantes encontrar una forma de transacción, el régimen parlamentario. Pero, en las luchas subsecuentes por el restablecimiento del presidencialismo, si el mando estuvo siempre en las manos de Goulart, hubo un momento –en la huelga general de julio de 1962– en que casi se le escapó. Fue el pánico provocado por la amplitud de la huelga general de septiembre y el recuerdo de los disturbios sangrientos que se habían verificado en julio, en Río de Janeiro, los que, aliados al temor de una intervención militar pro Goulart, doblegaron la resistencia del Congreso.

La crisis de septiembre de 1963 presenta, ya, modalidades distintas. Su iniciativa no se origina en las esferas dominantes, como las anteriores, sino que pertenece a un sector específico del movimiento popular, los sargentos, cuya rebelión, en Brasilia, se halla en el origen de los acontecimientos. En ningún momento Goulart pudo contener la acción autónoma de los sindicatos obreros y estudiantiles. La solución de la crisis, es decir, el rechazo por el Congreso de la declaración de Goulart estableciendo el estado de sitio, tuvo como factor decisivo la movilización popular que se desarrolló en todo el país. Una tal demostración de fuerza del movimiento popular y una prueba tal de debilidad de Goulart convencieron a la burguesía de que la esperanza de que éste pudiera ofrecerle una garantía de "paz social", gracias al control que ejerció siempre sobre los organismos de masas, era vana. El fracaso subsecuente del Plan Trienal refuerza esa desilusión. Es entonces cuando la burguesía abandona a Goulart y cuando las aspiraciones que tuvo de lograr con él un gobierno bonapartista actúan en beneficio de la derecha.

Naturalmente, no es solamente el recelo que inspiraba el movimiento de masas el que contribuye a aproximar la burguesía a las demás clases dominantes y a fundirlas en un bloque. Indicamos ya que la crisis económica, visible desde 1962, no favorecía la alianza de la burguesía con las clases populares, sobre todo con la clase obrera, por los sacrificios que aquélla debería imponer al país. Desde el momento en que Goulart se mostró incapaz de realizar el milagro de esa alianza (y su viraje hacia la izquierda, en marzo de 1964, apenas confirmaba esa incapacidad), la burguesía, necesitando siempre de un gobierno fuerte, tenía que contar con la derecha. Por otra parte, el cambio que se efectúa en el interior de la clase burguesa, desde 1955, con el aumento del sector vinculado al capital extranjero, hacía cada vez más posible este arreglo entre los grupos dominantes.

Esto explica por qué la primera faz que mostró el gobierno militar fue la represión policiaca en contra del movimiento de masas: la intervención en los sindicatos, la disolución de los órganos directivos populares (incluso el CGT), la persecución de los líderes obreros y campesinos, la supresión de mandatos y derechos políticos, la prisión y la tortura. Explica también la política económica de ese gobierno, que fue, ante todo, de contención de los salarios, de restricción del crédito y de aumento de la carga tributaria.[12] En líneas generales, la política de estabilización financiera del actual gobierno quiere crear una oferta de mano de obra más abundante, bajando así su precio, y, al

12. Es interesante observar que la política tributaria del gobierno de Castelo Branco se basó sobre todo en la hoja de salarios, y no en la capacidad de producción de las empresas: salario familiar, impuestos para educación y habitaciones populares, decimotercer salario, etc. Es decir, se incrementa principalmente la carga fiscal de las empresas tecnológicamente menos evolucionadas, que emplean más mano de obra, y que corresponden, socialmente, a la mediana y pequeña burguesía.

mismo tiempo, "racionalizar" la economía, liquidando la competencia excesiva que produjo en ciertos sectores, la expansión industrial y favoreciendo, por lo tanto, la concentración del capital en manos de los grupos más poderosos. Esto beneficia, por supuesto, a los grupos extranjeros, pero también a la gran burguesía nacional. Esa política representa un intento para resucitar las prácticas originadas por la Instrucción 113, para superar la crisis del sector externo, pero obedece también a las exigencias planteadas por el propio desarrollo capitalista brasileño, como son la rebaja de los salarios y la racionalización de la producción.

El hecho de que la burguesía brasileña, finalmente, aceptó el papel de socio menor en su alianza con los capitales extranjeros y decidió intensificar la capitalización, rebajando aún más el nivel de vida popular y concentrando en sus manos el capital disperso en la burguesía pequeña y mediana, tiene serias implicaciones políticas. Para amplios sectores de la izquierda, el actual régimen militar representa el fracaso de una clase –la burguesía nacional– y de una política –el reformismo. Planteada así en términos radicalmente antiburgueses, la lucha popular tiende a rehuir las soluciones legales y la conduce a la lucha armada. Es evidente que la concreción de esa tendencia depende de la evolución de la crisis en que se debate la economía brasileña.

Pero no sólo de la situación económica pueden valerse las izquierdas brasileñas para llevar las masas al camino de la insurrección. El carácter "extranjero" del actual régimen militar puede ayudarlas considerablemente. En efecto, si rechazamos la interpretación simplista que quiere ver en el golpe de abril una acción exterior a la realidad brasileña, no pretendemos negar la existencia y la importancia de la influencia norteamericana en los acontecimientos, no sólo como señalamos, por la actuación de la Embajada de Estados Unidos, en Río, y por la de organismos como el IBAD, sino también por la política de vinculación de las fuerzas armadas de Brasil a la estrategia del Pentágono. El acuerdo militar entre los dos países (firmado en 1942 y ampliado en 1954), la estandarización de los armamentos (1955), la creación de organismos continentales, como el Colegio Interamericano de Defensa (1961), las misiones de instrucción y de entrenamiento, todo eso creó progresivamente una élite militar inclinada a enfocar los problemas brasileños desde la perspectiva de los intereses estratégicos de Estados Unidos. A través de un centro de irradiación –la Escuela Superior de Guerra, a la que perteneció Castelo Branco, así como otros jefes militares del actual régimen– se difundieron teorías como la de la "agresión comunista interna" y la de la "guerra revolucionaria", creadas por los franceses en la campaña de Indochina. El espíritu de casta y el paternalismo, que caracterizan a los militares latinoamericanos, hicieron el resto, llevando a las fuerzas armadas brasileñas a llenar el vacío de poder, que se había creado.

El régimen militar que se implanta en abril de 1964 inaugura un nuevo estilo en la política exterior de Brasil, cuyo principal objetivo parece ser el de lograr una perfecta adecuación entre los intereses nacionales del país y la política de hegemonía mundial llevada a cabo por Estados Unidos. El examen de esa política exterior arroja una nueva luz en la interpretación de la problemática brasileña, y merece que le dediquemos un capítulo aparte.

2. IDEOLOGÍA Y PRAXIS DEL SUBIMPERIALISMO

La estrecha vinculación a Estados Unidos que, bajo el nombre de "política de interdependencia continental", orientó a la diplomacia brasileña en el gobierno del mariscal Castelo Branco (1964-1967) ha contribuido a que se considerara al régimen militar brasileño como un simple títere del Pentágono y del Departamento de Estado. En realidad, esa política exterior tiene hondas raíces en la dinámica de la economía capitalista mundial y en la manera como Brasil se ve afectado por ella. En otras palabras, dicha política sólo puede analizarse a la luz de los cambios sufridos en la posguerra por la economía norteamericana, internamente y en sus relaciones con los países periféricos a ella, e, inversamente, de las transformaciones por las que ha pasado la economía brasileña en las dos últimas décadas y su posición actual frente a Estados Unidos.

La integración imperialista

La progresión ascensional de la acumulación capitalista en la economía norteamericana y el proceso de trustización que se presentó allí, en este siglo, como una constante, tienen por resultado la concentración siempre creciente de una riqueza cada vez más considerable. Si las inversiones en actividades productivas acompañasen el ritmo de crecimiento del excedente así obtenido, la estructura económica estallaría en crisis quizá más violentas que la de 1929, en virtud del mecanismo mismo que vincula el ciclo de coyuntura a la variación del capital constante. La política antiinflacionaria que se ha adoptado, de modo general, en Estados Unidos, después de la guerra, ha permitido contener el ímpetu del crecimiento económico y limitar el monto del excedente, sin lograr impedir, sin embargo, que éste siga muy por encima de las posibilidades existentes para su absorción. Resultan de ahí las sumas siempre más grandes destinadas a las inversiones improductivas, principalmente en la industria bélica y en los gastos de publicidad. El restante, que no ha podido esterilizarse de esa manera, se precipita hacia el mercado exterior, convirtiendo a la exportación de capitales en uno de los rasgos más característicos del imperialismo contemporáneo.[13]

La lógica capitalista, que subordina la inversión a la expectativa de beneficio, lleva esos capitales a las regiones y sectores que parecen más prometedores. La consecuencia es, a través de la repatriación de capitales, un aumento suplementario del excedente, que impulsa a nuevas inversiones en el exterior, recomenzando el ciclo en nivel más alto. Amplíanse así incesantemente las fronteras económicas norteamericanas, intensifícase la amalgama de intereses en los países en ellas contenidos y se vuelve cada vez más necesario que, bajo distintas maneras, el gobierno de Washington extienda más allá de los límites territoriales la protección que dispensa a sus nacionales.

13. Véase Paul Baran, "Crisis of Marxism? ", *Monthly Review*, Nueva York, octubre, 1958. Hay edición española, Cuadernos de Pasado y Presente núm. 3, Córdoba, Argentina.

A principios del siglo, el más prestigiado teórico marxista de entonces, Karl Kautsky, influenciado por el revisionismo bernsteiniano e impresionado por el proceso de trustización que, desde las dos últimas décadas del siglo XIX, caracterizaba la economía capitalista, formuló su teoría del "super imperialismo": tras la concentración progresiva del capital en un gigantesco trust mundial, se podría esperar la centralización política correspondiente y una transición necesaria y pacífica al socialismo. En su prefacio a la obra de Bujarin *La economía mundial y el imperialismo* que escribió en 1915, Lenin combate la teoría kautskyiana, aunque sin negar la tendencia integracionista presentada por el capitalismo mundial. Lo que pasará, advertía, es que tal tendencia se desarrollará en medio de contradicciones y conflictos, que darán un impulso a la tendencia opuesta, antes que ella llegue a su culminación. La guerra de 1914 y la Revolución rusa, la guerra mundial y los fenómenos que engendró –la formación del bloque socialista y los movimientos de liberación nacional– le dieron la razón.

Siempre es verdad, sin embargo, que la expansión del capitalismo mundial y la acentuación del proceso monopolista mantuvieron constante la tendencia integracionista, que se expresa hoy, de manera más evidente, en la intensificación de la exportación de capitales y en la subordinación tecnológica de los países más débiles. Otro marxista alemán, August Talheimer, lo advirtió al acuñar en la posguerra su categoría de la *cooperación antagónica.* En un momento en que la dominación norteamericana parecía incontrastable, frente a la destrucción europea que siguió a la guerra mundial, Talheimer fue suficientemente lúcido para percibir que el proceso mismo de integración o cooperación, acentuándose, desarrollaría sus contradicciones internas. Eso fue sobre todo verdadero en lo que se refiere a los demás países industrializados, los que, sometidos a la penetración de las inversiones norteamericanas, volviéronse a su vez centros de exportación de capitales y extendieron simultáneamente sus fronteras económicas, dentro del proceso ecuménico de la integración imperialista. Las tensiones que intervinieron entre esos varios centros integradores, de desigual grandeza (como, por ejemplo, Francia y

Estados Unidos), aunque no puedan, como en el pasado, llegar a la hostilidad abierta, y tengan que mantenerse en el marco de la cooperación antagónica, obstaculizan el proceso de integración, abren fisuras en la estructura del mundo imperialista y actúan vigorosamente en beneficio de lo que tiende a destruir las bases mismas de esa estructura: los movimientos revolucionarios en los países subdesarrollados.

Hay que advertir, en efecto, que no es sólo al nivel de las relaciones entre los países industrializados que el proceso de integración imperialista alienta su propia negación. Eso se da, principalmente, al nivel de las relaciones entre esos países y los pueblos colonizados, y reside allí sin duda el factor determinante que lo encamina hacia su frustración. La exportación de capitales y de tecnología en dirección a esas naciones impulsa, de hecho, el desarrollo de su sector industrial, contribuyendo a crear nuevas situaciones de conflicto, desde dos puntos de vista, interno y externo, y a propiciar una crisis que altera las condiciones mismas en que se realiza esa industrialización.

Internamente, la industrialización se expresa, en un país rezagado, en la agudización de contradicciones sociales de varios tipos: entre los grupos industriales y los latifundistas-exportadores; entre la industria y la agricultura de mercado interno; entre los grandes propietarios rurales y el campesinado; y entre los grupos empresariales y la clase obrera, así como la pequeña burguesía. La diversificación económica se acompaña, pues, de una complejidad cada vez mayor en las relaciones sociales, que opone, en primer término, los sectores de mercado interno a los de mercado externo y luego, en el corazón de los dos sectores, a los grupos sociales que los constituyen. Ni siquiera el capital extranjero invertido en la economía puede sustraerse a esas contradicciones y presentarse como un bloque homogéneo: el que se invierte en las actividades de exportación (Anderson Clayton, United Fruit) no tiene exactamente los mismos intereses que el que se aplica en la producción industrial o agrícola para el mercado interno (industria automovilística, aparatos eléctricos domésticos, industria de enlatados) y reaccionarán de modo distinto, por ejemplo, delante de un proyecto de reforma agraria que signifique ampliación del mercado interno y cree en el campo mejores condiciones de trabajo y remuneración.

El hecho de que el proceso de diversificación social, que resulta de la industrialización, no se sincronice rigurosamente con el ritmo de la penetración imperialista conduce, por otra parte, a que se agraven los factores antagónicos entre la economía subdesarrollada y la economía dominante. Puede pasar –como sucedió, por ejemplo, en Brasil, entre los años 1930 y 1950– que el sector industrial nacional aumente de manera mucho más rápida que la desnacionalización económica resultante de las inversiones externas. Además de las disputas que surgen entonces, entre los dos sectores, en su lucha por el mercado interno, sus relaciones se agravan cuando –alcanzado determinado nivel de industrialización– las necesidades crecientes de la importación chocan, en el terreno cambiario, con las presiones del sector extranjero para exportar sus beneficios y con las distorsiones que la dominación imperialista impone a la estructura del comercio exterior.

La cuestión tiende a agravarse aún más por otra razón. La reducción del plazo de renovación del capital fijo en las economías avanzadas, como consecuencia del ritmo increíblemente rápido de las innovaciones tecnológicas,[14] lleva a que esas economías experimenten una necesidad apremiante de exportar sus equipos obsoletos a las naciones en fase de industrialización. El estrangulamiento cambiario que sus prácticas comerciales y financieras provocan en la capacidad para importar de esas naciones contrarresta, empero, esa tendencia. La contradicción sólo puede superarse a través de la introducción de tales equipos en los países subdesarrollados bajo la forma de inversión directa de capital. La consecuencia de tal procedimiento es la aceleración del proceso de desnacionalización –por lo tanto de integración– al mismo tiempo en que allí se implanta un desnivel creciente entre el marco tecnológico y las necesidades de empleo para una población en explosión demográfica. La manera por la cual se procura, pues, superar el estrangulamiento cambiario implica, por los problemas resultantes, la agudización de las

14. Ernest Mandel, *Traité d'économie marxiste,* París, 1962.

tensiones sociales internas, factor decisivo en los movimientos de liberación nacional.

La cooperación antagónica entre la burguesía de los países subdesarrollados y el imperialismo es conducida así a un punto crítico, que ya no le permite existir en su ambigüedad e impone una disyuntiva entre la cooperación, tendiendo a la integración, y el antagonismo, marchando hacia la ruptura. Es lo que pasó en Brasil en 1964, y nos conviene examinar el mecanismo de esa crisis, así como sus consecuencias.

Las alternativas del desarrollo capitalista brasileño

La crisis del sistema de exportación de Brasil, iniciada en los años 30 y claramente configurada al terminar la guerra de Corea, lanza a la sociedad brasileña a un proceso de radicalización de sus contradicciones, que expresa la imposibilidad de seguir procesándose el desarrollo industrial dentro de los marcos semicoloniales hasta entonces existentes. Esa imposibilidad se vuelve visible por la acción de dos limitaciones estructurales. La primera se manifiesta en la crisis del comercio exterior, donde se verifica una tendencia constante a la baja en los precios de los productos exportados y una incapacidad del principal mercado comprador –el norteamericano– para absorber las cantidades crecientes que necesita exportar la economía brasileña para atender a las importaciones necesarias a la industrialización. La segunda limitación se deriva del régimen de propiedad de las tierras, que estrangula la oferta de géneros alimenticios y materias primas requeridas por la industria y por el crecimiento demográfico urbano lo que, además de impulsar al alza de los precios (que estimula, a su vez, los movimientos reivindicativos de masas), concentra los rendimientos de la agricultura en manos de una minoría y obstaculiza la expansión del mercado interno para la producción industrial.

Los gobiernos de Café Filho y Juscelino Kubitschek, que suceden a la grave crisis política de 1954 producida por esa situación y que se clausura con el suicidio del presidente Vargas, siendo frutos del compromiso entre las clases dominantes en conflicto, tratarán de encontrar una fórmula de transacción, que permita superar la crisis económica, sin llevar a una confrontación definitiva de las posiciones implicadas. El recurso elegido es abrir la economía brasileña a los capitales norteamericanos, a fin de romper el nudo formado en el sector cambiario. La Instrucción 113, de la Superintendencia de la Moneda y del Crédito (actual Banco Central), crea el marco jurídico para esa política, que llega a su auge con el Plan de Metas del gobierno de Kubitschek, el cual acarrea alrededor de 2.5 millones de dólares en inversiones y financiamientos y empuja de nuevo la expansión industrial.

Esa expansión empieza, sin embargo, a dar señales de agotamiento hacia 1960, en función de la disminución que se verifica en el nivel de los ingresos internos, de la caída del precio y del volumen de las exportaciones, y de la fuerte exportación de beneficios, lo que sumerge al país en una grave crisis cambiaria; y también por acción de la aceleración del proceso inflacionario, expresión de la lucha que libra la burguesía industrial y financiera con los grupos empresariales rurales, así como con las clases asalariadas. Hay que tener presente, en efecto, que la expansión industrial brasileña, basada en la intensificación de las inversiones extranjeras y correspondiendo a la introducción masiva de una nueva tecnología, tuvo por resultado elevar sensiblemente la productividad del trabajo y la capacidad productiva de la industria, pero agravó por eso mismo el problema del empleo de la mano de obra. Así es que, entre 1950 y 1960, frente a una tasa de crecimiento demográfico de 3.1% al año y mientras la población urbana crece a casi un 6% anual y la producción manufacturera a más de 9%, el empleo en la actividad industrial no presenta un incremento anual mayor de 3 por ciento.[15]

La crisis estructural de la economía brasileña, cesados los efectos paliativos de la política de importación de divisas, estalló, pues, en una verdadera crisis industrial que arrastró al

15. Datos proporcionados por Brasil, Ministerio de Planeamiento y Coordinación Económica, *Programa de Ação Econômica do Govêrno, 1964-1966,* Documento EPEA, núm. 1, noviembre de 1964, cap. IV. En "actividad industrial" se incluye la industria manufacturera y la industria extractiva mineral.

país a la depresión. En tal situación, era inevitable que las contradicciones sociales, que se habían manifestado en los años 1953-54, volviesen a presentarse con mucha más fuerza, sobre todo las que impulsaban a las masas obreras y medias de las ciudades a luchar por mejorar su nivel de vida. Presionada por ellas, y experimentando la clara conciencia de la imposibilidad de mantener la expansión industrial dentro de los cuadros estrechos que le trazaban el sector latifundista-exportador y los grupos monopolistas extranjeros, la burguesía intenta quebrar el círculo, rompiendo el compromiso con esas fuerzas e imponiendo su política de clase. Los gobiernos de Janio Quadros en 1961, y, vencida la indecisión parlamentaria de 1962, de João Goulart, en 1963-64, expresaron esa tentativa.

La política externa independiente y las reformas estructurales fueron las direcciones en que se movieron esos dos gobiernos buscando doblegar la resistencia de los sectores dominantes aliados. Con la primera, se trató de crear un área de maniobra en el campo internacional, que permitiera a Brasil diversificar sus mercados de productos básicos y sus suplementos de créditos, principalmente en el área socialista, y abrir camino para la exportación de productos industrializados, en África y Latinoamérica, principalmente. Con las reformas se tendía en principio a la reformulación de la estructura agraria, capaz de abrir nuevos mercados al comercio interior y aumentar la oferta interna de materias primas y géneros alimenticios. Las dos orientaciones entraban en conflicto con los intereses del sector latifundista y de los grupos monopolistas exportadores, en su mayoría norteamericanos. La adopción de medidas restrictivas de financiamiento nacional de las inversiones extranjeras y a la remesa de beneficios al exterior, así como el esbozo de una política de nacionalizaciones, generalizó el conflicto a todo el sector extranjero de la economía e hizo muy tensas las relaciones entre el gobierno brasileño y el norteamericano.

Para garantizar una tal política, necesitaba la burguesía que las masas populares urbanas, de considerable peso político, la respaldaran. Pero, debatiéndose en una situación de crisis coyuntural, que mermaba su tasa de beneficios, tenía, paradójicamente, que enfrentarse a las masas, buscando contener sus reivindicaciones salariales. La pretensión de aplicar prácticas deflacionarias, en 1961, con Janio Quadros, y en 1963, con Goulart (Plan Trienal 1963-65), encontró viva resistencia popular, y la burguesía, por razones políticas, no pudo imponerlas por la fuerza. Confiando a Goulart la tarea de contener el movimiento de masas trató de utilizar su capacidad para explotar en beneficio propio el proceso inflacionario, a fin de sostener su margen de beneficio, lo que aceleró ese proceso. Las reivindicaciones obreras se radicalizaron, a través de huelgas cada vez más frecuentes y amplias, y la clase media entró en pánico ante la amenaza concreta de proletarización.

La agitación que la amenaza de reforma agraria llevaba al campo y la resistencia del sector industrial extranjero a las medidas nacionalistas limitaron cada vez más el apoyo del sector burgués a Goulart. Cuando se intensificó la campaña antigobiernista, bajo el pretexto de la subversión comunista, la clase media, que la crisis económica desorientaba, se dividió, pasando a engrosar en cantidades siempre mayores las huestes de la reacción. Impresionada por el voceo anticomunista y por la radicalización popular, y sintiendo, al fracasar el Plan Trienal, que Goulart no ofrecía ya condiciones para contener el movimiento de masas, la burguesía abandonó el terreno. Cuando la agitación alcanzó el sector militár, con la rebelión de los marineros, en marzo de 1964, quedó claro que, frente a la oposición radical a que se viera conducida la lucha de clases, el poder estaba vacío. En un gesto de audacia, el grupo militar de la Escuela Superior de Guerra apoderóse de él.

La política de interdependencia

El gobierno de Castelo Branco se caracterizó por una actuación internacional distinta a la llamada "política externa independiente", que practicaron los gobiernos de Quadros y de Goulart, y que se basaba en los principios de autodeterminación y no intervención. Desde que, a raíz del golpe de 1964, asumió la dirección del ministerio de Relaciones Exteriores, el canciller del gobierno de Castelo Branco, Vasco Leitão da Cunha, rechazó la idea de una política externa independiente, invocando razones geopolíticas, que vincularían estrechamente el Brasil al mundo occidental y particularmente a Estados Unidos, y declaró que el concepto básico de la diplomacia brasileña era el de la *interdependencia continental.* Adoptóse así una doctrina emanada de la Escuela Superior de Guerra, bajo la responsabilidad del general Golberi do Couto e Silva, diplomado por la escuela norteamericana de Fort Benning y jefe del Servicio Nacional de Informaciones (SNI), organismo creado por el régimen militar que, con sus dos mil agentes actuando en el continente, ya fue comparado a una CIA en miniatura.

Esa doctrina, llamada de *barganha* (canje) *leal,* fue expuesta por Couto e Silva en su libro *Aspectos geopolíticos do Brasil* (Río de Janeiro, Biblioteca del Ejército, 1957) y parte del supuesto de que, por su propia posición geográfica, Brasil no puede escapar a la influencia norteamericana. En tal situación, no le quedaría otra alternativa sino la de "aceptar conscientemente la misión de asociarse a la política de Estados Unidos en el Atlántico Sur". La contrapartida de esa "elección consciente" sería el reconocimiento por Estados Unidos de que "el casi monopolio de dominio en aquella área debe ser ejercido por Brasil exclusivamente". Esa expresión "casi monopolio" resulta, igualmente, de la imposibilidad de ignorar las pretensiones que, en este terreno, alimenta también la burguesía argentina.

Dos pronunciamientos oficiales consagraron la adopción de esa doctrina: las declaraciones del canciller Leitão da Cunha al recibir en Río de Janeiro, el 19 de mayo de 1965, a su colega de Ecuador, Gonzalo Escudero, y el discurso que pronunció días después, en la ciudad de Teresina (capital del estado de Piauí), el mariscal Castelo Branco.

Saludando al canciller ecuatoriano, aludió Leitão da Cunha a "un concepto inmanente a la naturaleza de la alianza interamericana, el de la interdependencia entre las decisiones de política internacional de los países del continente". "La concepción ortodoxa y rígida de la soberanía nacional –subrayó– fue formulada en una época en que las naciones no reunían, en sus responsabilidades, una obligación de cooperar entre sí, en la búsqueda de objetivos comunes." El canciller del gobierno militar brasileño preconizó todavía "el refuerzo de los instrumentos multilaterales para la defensa de la institución política más americana –la democracia representativa". Y aclaró: "Pocos tienen dudas de que los mecanismos previstos en la Carta de la Organización de Estados Americanos, contra agresiones o ataques abiertos, son enteramente inadecuados a las nuevas situaciones producidas por la subversión que trasciende las fronteras nacionales."

De este punto partió el mariscal Castelo Branco, en su discurso del 28 de mayo, cuando se refirió a la crisis dominicana que motivó la invasión estadounidense, apoyada por Brasil, como una agresión interna al continente. Después de proclamar la necesidad de sustituir el concepto de fronteras físicas o geográficas por el de *fronteras ideológicas*, el mariscal presidente declaró que, de acuerdo con la actual concepción brasileña de la seguridad nacional, ésta no se limita a las fronteras físicas de Brasil, sino que se extiende a las fronteras ideológicas del mundo occidental.

Se sitúan en esa línea de pensamiento las ideas de la intervención en Uruguay y en Bolivia, alimentadas por Castelo Branco, así como el decidido apoyo del gobierno brasileño a la intervención de Estados Unidos en Santo Domingo. El aplauso de Brasilia a la decisión norteamericana de encaminar parte de su ayuda militar a los países latinoamericanos a través de la OEA fue también consecuencia de esa posición, y se une a la reivindicación de que se reactive el llamado "protocolo adicional", que vincula la ayuda militar a la ayuda económica. Otra consecuencia ha sido la tesis de la integración militar del continente, presente en la insistencia brasileña por la creación de un ejército interamericano permanente, actualmente desechada

Para muchos, se trataba simplemente de un regreso de la política brasileña a la sumisión a Washington, que era la regla en el período anterior a Quadros, así como de la conversión definitiva de Brasil en colonia norteamericana. Nada menos cierto. Lo que se verificaba, en realidad, era la evolución, de cierta manera inevitable, de la burguesía brasileña hacia la aceptación consciente de su integración al imperialismo norteamericano, evolución que resulta de la lógica misma de la dinámica económica y política de Brasil y que puede tener graves consecuencias para América Latina.

El complejo industrial-militar

Se hace evidente su existencia cuando analizamos el programa de acción económica o Plan Trienal 1964-66, adoptado por el gobierno del mariscal Castelo Branco y elaborado por su ministro de Planeación y ex embajador en Washington, Roberto de Oliveira Campos.[16] Su objetivo era doble: reactivar el ritmo descendiente del crecimiento del producto interno bruto, fijándolo en 6% para los años 1965-66, y contener el aumento general de los precios, reduciéndolos del nivel de 92.4% en 1964 a 25% en 1965, y a 10% en 1966. Por otra parte, se proponía alcanzar "objetivos secundarios", entre ellos el equilibrio de la balanza de pagos, la redistribución de la renta y, en la práctica, la democratización del capital. Además de los instrumentos clásicos de política económica (política tributaria, salarial y crediticia, manipulaciones arancelarias, contención y selección de los gastos gubernamentales), la acción estatal contenía medidas estructurales, principalmente la reforma agraria y la reorganización del mercado interno de capitales.

Desde el punto de vista de nuestro análisis, el aspecto que más interesa es la actitud del plan en relación al capital extranjero. En un estudio publicado en su órgano oficial, la Confederación Nacional de la Industria (CNI) consideró que el programa de planeación económica de Campos se singularizaba, respecto a los planes económicos anteriores, "por el papel estratégico que da al capital extranjero y por las altas esperanzas en cuanto a sus ingresos". Tras recordar que, estableciendo una formación bruta de capital de 17% al año, el Plan asignaba al capital extranjero el 28.1% en esa formación, en 1965, y el 29.4% en 1966, mientras preveía una disminución del ahorro nacional del 15.8% en los años 1954-60, al 13% anual en 1965-66, la CNI puntualizaba: "La disminución del ahorro nacional . . . dejará en inferioridad al capital privado nacional, cuyas inversiones serían alrededor de la mitad del influjo previsto de capital extranjero."[17]

16. Véase *Programa de Ação Econômica do Govêrno, 1964-1966, op. cit.*

17. *Desenvolvimento & Conjuntura*, Río de Janeiro, número 3, marzo, 1965.

Esa orientación era confirmada por otros aspectos de la acción gubernamental. Según la misma CNI, las fuentes de crédito tuvieron su actuación fuertemente reducida en 1964, aumentando el crédito privado en 84.2% y el oficial en poco más de 50%, frente a una tasa de inflación de 92.4%. Esta contención del crédito se completó con una política tributaria basada principalmente en la hoja de salarios, lo que obligó a las industrias a buscar una solución para sus costos de producción en la reducción de mano de obra, es decir, en una mayor tecnificación. Es natural que haya sido la asociación con grupos extranjeros, que disponen siempre de líneas de crédito y cuentan con una tecnología disponible en virtud del ritmo de renovación tecnológica que se da en su país de origen, el camino más fácil para enfrentarse a esa coyuntura.

La política tendiente a forzar la democratización del capital de las empresas, sobre todo a través de estímulos fiscales a las reinversiones de los grupos dispuestos a concretarla, intensificó aún más esa tendencia. Ello también lo advirtió entonces la CNI, al señalar, en su estudio ya mencionado, que "si el ahorro nacional disminuye, la 'democratización' servirá tan sólo para permitir que los capitales extranjeros tengan acceso a por lo menos parte del control de empresas nacionales".

Ahora bien, en el plan interno, la política económica del gobierno de Castelo Branco benefició ampliamente a las grandes empresas, tanto nacionales como extranjeras, especialmente aquellas dedicadas a la industria pesada, al mismo tiempo que, por la retracción deliberada que provocaba en la demanda, hizo prácticamente intolerable la situación para la pequeña y mediana industrias, vinculadas a la producción de bienes de consumo no durables.[18] En otras palabras,

18. En una evaluación de la política practicada por su predecesor, el actual gobierno del mariscal Costa e Silva anota que, después de la crisis industrial de 1965, las ramas industriales se enfrentaron a condiciones totalmente distintas de evolución, pudiendo caracterizarse dos grandes grupos de industrias: el primero, constituido por el complejo mecánico, metalúrgico, metalúrgico-eléctrico, material de transporte y químico, presentó una "elevada tasa de crecimiento, del orden del 25% sobre el año anterior, aliada a un crecimiento de

reveló la determinación expresa del régimen de consolidar una industria de bienes intermedios, de consumo durable y de equipos, altamente tecnificada y dotada de fuerte capacidad competitiva, capaz de convertir al país en una potencia industrial. Ello es explicable ya que una tal industria era la condición *sine qua non* para llevar a cabo la expansión exterior pretendida, y que por otro lado, tal expansión constituía la respuesta más eficaz, desde el punto de vista de la gran industria, a la estrechez de mercados con la que chocaba la economía en el interior. Llega a crearse así una simbiosis entre los intereses de la gran industria y los sueños hegemónicos de la *élite* militar, la cual encontraría una expresión aún más evidente en los vínculos que establecen a nivel de la producción bélica. El despliegue de este nuevo sector de la economía brasileña pone al desnudo, como ningún otro, la deformación a la que está siendo conducida por las características peculiares de su desarrollo capitalista, y merece ser analizado un poco más minuciosamente.

Todo parece comenzar a fines del gobierno de Goulart, cuando éste, preocupado en romper la dependencia en que se encontraba Brasil por la estandarización de material bélico impuesta por Estados Unidos a los países latinoamericanos, a raíz de la segunda guerra mundial, decide diversificar las fuentes de suministro y desarrollar, simultáneamente, la industria nacional. La estandarización de dicho material, que se llevaba a cabo en el marco de la Organización del Tratado del Atlántico Norte, allanaba el camino en esa dirección. En febrero de 1964, el ministro de Guerra de Goulart, general Jair Dantas Ribeiro, firmó con Bélgica un con-

la productividad del trabajo también elevado, en torno al 12%"; el segundo grupo, constituido por las industrias dichas "tradicionales", que comprenden la textil, madera y mobiliario, cueros, calzados, vestidos y alimentos, ostentó un "crecimiento relativamente menor de su producto en el período, hecho esencialmente ligado a la baja elasticidad-ingreso de la demanda, además de [un] crecimiento menos acentuado en la producción por hombre empleado". Brasil, Ministerio de Planeamiento y Coordinación Económica, *Diretrizes de govêrno. Programa estratégico de desenvolvimento,* julio de 1967, pp. 159-160.

trato de compra de 50 mil fusiles, con derecho de reproducción por la industria brasileña.

Derrocado Goulart, el nuevo ministro de Guerra, general Artur da Costa e Silva, confirma la operación. Casi al mismo tiempo, al tomar posesión de la presidencia de la Confederación Nacional de la Industria, el general Edmundo Macedo Soares e Silva se pronunció en favor de una política de sustitución de importaciones relativas a armamento y equipo militar, vinculando a ello la preservación de la soberanía nacional. Diferentes actos llevados a cabo por el gobierno indicaron la intención de poner en práctica esa orientación, explotando particularmente las facilidades ofrecidas por la industria bélica europea.

Es necesario recordar aquí que con la estandarización del material bélico la industria de guerra de Estados Unidos había creado un mercado permanente para sus excedentes en América Latina, y que el Departamento de Defensa norteamericano forjó a su vez un instrumento de control de los más eficaces sobre las fuerzas armadas del hemisferio. La actitud brasileña no podía considerarse sino como alarmante, y explica los contactos que, en agosto de 1965, el subsecretario norteamericano de Defensa para Asuntos del Extremo Oriente, Avin Freeman, buscó con industriales brasileños. Según se supo posteriormente, Freeman manifestó el interés del Pentágono en adquirir armas y otras manufacturas en Brasil para la guerra de Vietnam, en virtud de la dificultad para movilizar, en caso de guerra no declarada, las industrias norteamericanas para la producción de guerra.[19]

Por las mismas fechas, mediante autorización del presidente de la República y del Ministerio de Planeación, se constituye el llamado Grupo Permanente de Movilización Industrial (GPMI), que abarca a las empresas de la región más industrializada del país (São Paulo, Guanabara y Minas Gerais), y cuenta con la asesoría directa de miembros de las fuerzas armadas. En enero de 1966, regresando de un viaje a Estados Unidos, el presidente del GPMI, el industrial paulis-

19. Véase al respecto el reportaje publicado por el periódico conservador *O Estado de São Paulo,* São Paulo, 28 de febrero de 1966.

ta Vitorio Ferraz, declaró en conferencia de prensa que la industria brasileña fabricaría armas de diversos tipos, municiones y vehículos de guerra para colaborar con los norteamericanos en la guerra de Vietnam. Aclarando que para ello se contaba ya con varias fábricas de telecomunicaciones y de municiones del país, Ferraz puntualizó: "Colaborando en el exterminio del Vietcong, [Brasil] aprovecharía la capacidad ociosa de sus fábricas y daría lugar a la creación de 180 mil nuevos empleos. Simultáneamente, combatiremos al comunismo y a nuestros problemas de desocupación."[20].

En los meses subsecuentes, el programa anunciado por Ferraz se puso en marcha. En marzo de 1966, Paul Hower, funcionario del Departamento de Defensa norteamericano y miembro de la Comisión Militar Mixta Brasil-Estados Unidos, llegó al país con la misión expresa de tratar la instalación en Brasil de una fábrica de aviones a turborreacción, del tipo antiguerrilla. En la segunda semana de agosto, el semanario de oposición *Fôlha da Semana,* de Río de Janeiro, daba detalles de la operación, proporcionando noticias sobre al avance de los estudios para la instalación de dicha fábrica en el estado de Ceará, en el nordeste, bajo la supervisión del GPMI. La empresa reunía capitales privados nacionales y contaba con una inversión oficial de 20 millones de dólares, suministrados por la Superintendencia de Desarrollo del Nordeste (SUDENE), organismo descentralizado, estando destinada su producción al abastecimiento interno y a la exportación a los demás países latinoamericanos. Desde entonces, el Instituto Tecnológico de Aeronáutica, establecimiento militar de investigación y enseñanza, ha elaborado y probado diversos prototipos de aviones ligeros, los cuales son proporcionados a la empresa privada, juntamente con las encomiendas del Estado para su fabricación.

20. Estas declaraciones se tomaron del *Correio da Manhã,* Río de Janeiro, enero de 1966. Según el periódico, las empresas en cuestión eran, por un lado, "Telefunken", "Delta", "Motorola", "Electrónica", "Philips" e "Invelson", y, por otro, "Parque de Aeronáutica de São Paulo", "Fábrica de Artilharia da Marinha", "Arsenal de Marinha" y "Companhia Brasileira de Cartuchos".

El subimperialismo y la revolución latinoamericana

En su política interna y externa, el gobierno militar de Castelo Branco manifestó no sólo una decisión de acelerar la integración de la economía brasileña a la economía norteamericana; expresó también la intención de convertirse en el centro de irradiación de la expansión imperialista en América Latina, creando inclusive las premisas de un poderío militar propio. En eso se distingue la política exterior brasileña que se ha puesto en marcha después del golpe de 1964: no se trata de aceptar pasivamente las decisiones norteamericanas (aunque la correlación real de fuerzas lleve muchas veces a ese resultado), sino de colaborar activamente con la expansión imperialista, asumiendo en ella la posición de país clave.

Esa pretensión no nace tan sólo de un deseo de liderato político, por parte de Brasil, sino que se debe principalmente a los problemas económicos que plantea la opción de la burguesía brasileña en pro del desarrollo integrado. El restablecimiento de su alianza con las antiguas clases oligárquicas, vinculadas a la exportación, que selló el golpe de 1964, dejó a la burguesía en la imposibilidad de romper las limitaciones que la estructura agraria impone al mercado interno brasileño. El mismo proyecto de reforma agraria adoptado por el gobierno de Castelo Branco no admite otra manera de alterar esa estructura sino a través de la extensión progresiva del capitalismo al campo, es decir, dentro de un largo plazo.

Por otro lado, al optar por su integración al imperialismo y al poner sus esperanzas de reactivar la expansión económica en los ingresos de capital extranjero, la burguesía brasileña concuerda en intensificar el proceso de renovación tecnológica de la industria. Atiende, así, a los intereses de la industria norteamericana, a la que conviene instalar allende sus fronteras un parque industrial integrado, que absorba los equipos que la rápida evolución tecnológica vuelve obsoletos. Y, aún más, que desarrolle complementariamente ciertos niveles de la producción industrial, en el marco de una nueva división internacional del trabajo.[21] Mas tiene

21. En un informe reciente preparado por expertos de las Nacio-

que aceptar su contrapartida: en un país de fuerte crecimiento demográfico, que lanza anualmente al mercado de trabajo un millón de personas, la instalación de una industria relativamente moderna crea un grave problema de desempleo. Aunque con eso la burguesía soluciona, desde su punto de vista, los problemas que plantea el costo de producción industrial, puesto que, a pesar de los excedentes existentes de mano de obra, la economía brasileña presenta, como toda economía subdesarrollada, aguda escasez de mano de obra calificada.

Así, sea por su política de refuerzo de su alianza con el latifundio, sea por su política de integración al imperialismo, la burguesía brasileña no puede contar con un creci-

nes Unidas, se señala la tendencia actual al establecimiento de un nuevo esquema de división internacional del trabajo, dentro del cual los países industrializados deberán ceder las primeras fases de elaboración de materias primas a los países en vías de desarrollo, especializándose aquéllos en las "fases más avanzadas de elaboración y acabado de los productos, debido a su experiencia técnica y capacidad económica". Y se añade: "Según la tecnología moderna, la transformación de materias primas generalmente requiere de procesos industriales que: I) absorben gran cantidad de capital; II) requieren considerable experiencia industrial y tecnológica; y, III) requieren mercados internacionales, pues los mercados domésticos de las naciones en desarrollo son demasiado pequeños para absorber la producción potencial. Por lo tanto, este tipo de producción necesariamente tendrá que llevarse a cabo en cooperación con las industrias establecidas de los países desarrollados (por ejemplo, inversiones directas o indirectas, asociaciones en participación), de acuerdo con arreglos apropiados que proveerán la inversión de capital, la tecnología necesaria y los mercados para los productos." *Promoción de exportaciones mexicanas de productos manufacturados.* Preparado para el gobierno de México por una misión de las Naciones Unidas bajo el patrocinio del Programa de Asistencia Técnica, Naciones Unidas, Comisionado para la Cooperación Técnica, Departamento de Asuntos Económicos y Sociales, mimeografiado, diciembre de 1966, pp. 7-13.

Por otra parte, hablando en el Congreso norteamericano sobre la integración económica de Latinoamérica, el entonces secretario de Estado adjunto para las Cuestiones Interamericanas, Jack H. Vaughn, reconoció que la industrialización resultante hará desaparecer los mercados tradicionales de ciertos productos norteamericanos, mas subrayó: "Igualmente América Latina ofrecerá un mercado más promisorio para productos de la industria norteamericana, de carácter cada vez más sofisticado", *El Día,* México, 11-9-65.

miento del mercado interno en grado suficiente para absorber la producción creciente que resultará de la modernización tecnológica. No le queda otra alternativa que intentar expandirse hacia el exterior, y se le vuelve entonces necesario garantizar una reserva externa de mercado para su producción. El bajo costo de producción, que la actual política salarial y la modernización industrial tienden a crear, señala la misma dirección: la exportación de productos manufacturados.

No se trata de una tendencia totalmente nueva. La política exterior de Quadros y de Goulart buscaba también garantizar una reserva externa de mercado para una expansión comercial brasileña en África y Latinoamérica. La diferencia está en que entonces Brasil adoptaba una posición de *free lancer,* en el mercado mundial, confiando en que a través de las reformas estructurales internas, no tardarían en desaparecer las limitaciones que frenaban el crecimiento del mercado interno brasileño. La exportación aparecía, pues, como una solución provisional, tendiente a proporcionar a la política reformista burguesa el plazo necesario para que fructificara. A partir de Castelo Branco, al contrario, la burguesía trata de compensar su imposibilidad para ampliar el mercado interno a través de la incorporación extensiva de mercados ya formados, como el uruguayo, por ejemplo. La expansión comercial deja de ser así una solución provisional y complementaria a la política reformista y se convierte en la alternativa misma de las reformas estructurales.

Lo que se planteó así fue la expansión imperialista de Brasil, en Latinoamérica, que corresponde en verdad a un subimperialismo o a una extensión indirecta del imperialismo norteamericano (no nos olvidemos que el centro de un tal imperialismo sería una economía brasileña integrada a la norteamericana). Ese intento de integrar Latinoamérica, económica y militarmente, bajo el comando del imperialismo norteamericano y con el apoyo de Brasil, ha sufrido posteriormente muchas vicisitudes y sigue siendo hoy una intención. Sin embargo, ha aclarado factores valiosos para estimar las perspectivas del proceso revolucionario brasileño y, en último término, latinoamericano.

Un primer aspecto a considerarse es que la integración

imperialista de Latinoamérica, en su nueva fase, iniciada con el golpe militar en Brasil, no se podrá ejercer sino en el marco de la cooperación antagónica. El antagonismo será más acentuado sobre todo allí donde se enfrentan burguesías nacionales poderosas, como es el caso de Argentina y Brasil,[22] pero la cooperación o la colaboración será cada vez más la regla que regirá las relaciones de esas burguesías entre sí y con Estados Unidos. El peso que tendrá en la balanza la influencia norteamericana y brasileña obliga a esa colaboración. Pero más que todo esa colaboración será necesaria a las clases dominantes del hemisferio para contener la ascensión revolucionaria de las masas que se verifica actualmente y que sólo puede agravarse con la marcha de la integración imperialista.

El caso brasileño es, en ese particular, paradigmático. El golpe militar de 1964 –significando el rompimiento, por parte de la burguesía, de la política de compromiso que practicó desde su llegada al poder (es decir, desde la revolución de 1930)– abre una etapa nueva en el proceso de la lucha de clases. Aunque muchos sectores sociales, principalmente de clase media, busquen restablecer entre la burguesía y las masas el diálogo político que existía antes de 1964, las relaciones de clase se caracterizan actualmente, por una escisión horizontal, que deja de un lado a la coalición dominante (esencialmente la burguesía, los empresarios extranjeros y los grandes propietarios de tierra) y, de otro, a las masas trabajadoras de la ciudad y del campo. La pequeña burguesía sufre contradictoriamente el efecto de esa escisión, asumiendo posiciones que van del radicalismo de extrema izquierda al neofascismo de la extrema derecha, sin olvidar los esfuerzos conciliadores de una capa céntrica, que

22. La rivalidad brasileño-argentina se ha exacerbado después de la ascensión al poder del general Juan Carlos Onganía. Entre los muchos puntos de discordia que existen actualmente entre los dos países se encuentra el aprovechamiento de las aguas del río Paraná y las disputas sobre la influencia ejercida en Bolivia, Paraguay y Uruguay. Ambos países han desencadenado además una carrera armamentista, que trae consigo compras masivas de armas en el exterior y el desarrollo acelerado de sus respectivas industrias bélicas.

obedece a la consigna de "redemocratización" lanzada por la directiva del PC brasileño.

A plazo más o menos corto, es inevitable que esa escisión horizontal de las relaciones de clase en Brasil provoque una guerra civil abierta. La expansión imperialista de la burguesía brasileña tiene que basarse en una mayor explotación de las masas trabajadoras nacionales, sea porque necesita de una producción competitiva para el mercado externo, lo que implica salarios bajos y mano de obra disponible, es decir, un elevado índice de desempleo; sea porque se procesa juntamente con un aumento de la penetración de los capitales norteamericanos, lo que exige la extracción de un sobrelucro de la clase obrera. Esa intensificación de la explotación capitalista del pueblo brasileño es factor suficiente para intensificar la lucha de clases, arriesgando la posición de la burguesía.

El momento preciso en que eso se dará no depende, desde luego, tan sólo de la intensificación de la explotación capitalista, sino también del tiempo que llevará a las masas brasileñas extraer su lección de los acontecimientos de 1964 y, principalmente, de la capacidad de la izquierda para orientarlas en ese proceso de maduración. Hay que contar, sin embargo, con el acelerado ritmo que lleva, en nuestros días, el proceso revolucionario en Latinoamérica y con las repercusiones que producirá sobre él la integración imperialista, lo que puede acelerar considerablemente la reorganización en nuevas bases de las izquierdas en Brasil.

La conjunción de los movimientos revolucionarios de Brasil y los demás países latinoamericanos, es decir, la internacionalización de la revolución latinoamericana, aparece como la contrapartida inevitable del proceso de integración imperialista, en su nueva fase inaugurada por el golpe militar brasileño. El hecho de que la marcha de esa integración tienda a escindir cada vez más las relaciones entre las burguesías nacionales y las masas trabajadoras, deja entrever que el carácter de esa revolución, más que popular, será socialista. El análisis del caso brasileño proporciona en este sentido indicaciones sumamente útiles.

3. EL CARÁCTER DE LA REVOLUCIÓN BRASILEÑA

Las luchas políticas brasileñas de los últimos quince años fueron la expresión de una crisis más amplia, de carácter social y económico, que parecía no dejar al país otra salida que la de una revolución. Sin embargo, una vez implantada la dictadura militar, en abril de 1964, las fuerzas de izquierda se han visto obligadas a revisar sus concepciones sobre el carácter de la crisis brasileña, como punto de partida para la definición de una estrategia de lucha contra la situación que al final ha prevalecido. En un diálogo a veces lleno de amargura, los intelectuales y líderes políticos vinculados al movimiento popular plantean hoy dos cuestiones fundamentales: ¿Qué es la Revolución brasileña? ¿Qué representa en su contexto la dictadura militar?

Las respuestas oriéntanse, por lo general, a lo largo de dos hilos conductores. La Revolución brasileña es entendida, primero, como el proceso de modernización de las estructuras económicas del país, principalmente a través de la industrialización, proceso que se acompaña de una tendencia creciente de participación de las masas en la vida política.[23] Identificada así con el propio desarrollo económico, la Revolución brasileña tendría su fecha inicial en el movimiento de 1930, habiéndose extendido sin interrupción hasta el golpe de abril de 1964. Paralelamente, y en la medida que los factores primarios del subdesarrollo brasileño son la vinculación al imperialismo y la estructura agraria, que muchos consideran semifeudal, el contenido de la Revolución brasileña sería antiimperialista y antifeudal.

Esas dos direcciones conducen, pues, a un solo resultado —la caracterización de la Revolución brasileña como una revolución democrático-burguesa— y descansan en dos premisas básicas: la primera consiste en ubicar el antagonismo nación-imperialismo como la contradicción principal del proceso brasileño; la segunda, en admitir un dualismo estructural en esa misma sociedad, que opondría el sector precapi-

23. Véase, como expresión más acabada de esta tendencia, la obra de Celso Furtado: *A pré-revolução brasileira*, Río de Janeiro, 1962.

talista al sector propiamente capitalista. Su implicación más importante es la idea de un frente único formado por las clases interesadas en el desarrollo, básicamente la burguesía y el proletariado, contra el imperialismo y el latifundio. Su aspecto más curioso es el de unir una noción antidialéctica, como la del dualismo estructural, a una noción paradialéctica, cual sería la de una revolución burguesa permanente, de la que los acontecimientos políticos brasileños en los últimos 40 años no habrían sido más que episodios.

En esa perspectiva, el régimen militar implantado en 1964 aparece simultáneamente como una consecuencia y una interrupción. Así es que, interpretada como un gobierno impuesto desde fuera por el imperialismo norteamericano, la dictadura militar es considerada también como una interrupción y aun como un retroceso en el proceso de desarrollo, lo que se expresaría en la depresión a la que fue llevada la economía brasileña.[24] El espinoso problema planteado por la adhesión de la burguesía a la dictadura es solucionado cuando se admite que, temerosa por la radicalización ocurrida en el movimiento de masas en los últimos días del gobierno Goulart, esa clase, del mismo modo que la pequeña burguesía, apoyó el golpe de Estado articulado por el imperialismo y la reacción interna, pasando luego a ser víctima de su propia política, en virtud de la orientación antidesarrollista y desnacionalizante adoptada por el gobierno militar.

A partir de tal interpretación, la izquierda brasileña (nos referimos a su sector reformista, representado por el movimiento nacionalista y el Partido Comunista brasileño) toma como consigna la "redemocratización", destinada a restablecer las condiciones necesarias para la participación política de las masas y acelerar el proceso de desarrollo. En último término, trátase de crear de nuevo la base necesaria al

24. Según la Fundación Getúlio Vargas, entidad semioficial, el producto nacional bruto de Brasil presentó las siguientes variaciones: 1956-61, 7%, 1962, 5.4%; 1963, 1.6% y 1964 –3%. En 1965, el PNB presentó sensible recuperación, aumentando en un 5%, pero la producción industrial propiamente dicha disminuyó casi en la misma proporción. Sólo a partir de 1967, la economía brasileña entró en una fase de recuperación.

restablecimiento del frente único obrero-burgués, que marcó el gobierno de Goulart, es decir, el diálogo político y la comunidad de propósitos entre las dos clases. Y es como, basada en su concepción de la Revolución brasileña, esa izquierda no llega hoy a otro resultado que el de señalar, como salida para la crisis actual, una vuelta al pasado.

El compromiso político de 1937

Sería difícil verificar la exactitud de esa concepción sin examinar de cerca el capitalismo brasileño, la manera como se ha desarrollado y su naturaleza actual. Por lo general, los estudiosos están de acuerdo en aceptar la fecha de 1930 como el momento decisivo que marcó el tránsito de una economía semicolonial, basada en la exportación de un solo producto y caracterizada por su actividad eminentemente agrícola, a una economía diversificada, animada por un fuerte proceso de industrialización. En efecto, si el inicio de la industrialización data de más de cien años y estuvo incluso en la raíz del proceso político revolucionario que, victorioso en 1930, permitió su aceleración, y si la actividad fabril gana impulso en la década de 1920, no es posible negar que es a partir de la revolución de 1930 que la industrialización se afirma en el país y emprende el cambio global de la vieja sociedad.

La crisis mundial de 1929 obró mucho en este sentido. Imposibilitado para colocar en el mercado internacional su producción y sufriendo el efecto de una demanda de bienes manufacturados que ya no podía satisfacer con importaciones, el país acelera la sustitución de importaciones de bienes manufacturados, desarrollando un proceso que parte de la industria liviana y llega, hacia los años 40, a la industria de base. Es primariamente la crisis de la economía cafetera y la presión de la nueva clase industrial para participar del poder lo que produce el movimiento revolucionario de 1930, el que obliga a la vieja oligarquía terrateniente a romper su monopolio político e instala en el poder al equipo revolucionario encabezado por Getúlio Vargas.

Durante algunos años, las fuerzas políticas se mantendrán en un equilibrio inestable, mientras intentan nuevas composiciones. La embestida fracasada de la oligarquía, en 1932, refuerza la posición de la pequeña burguesía, cuya ala radical, unida al proletariado, desea profundizar el cambio revolucionario, reclamando sobre todo una reforma agraria. La insurrección izquierdista de 1935 se concluye empero con la derrota de esa tendencia, lo que permite a la burguesía consolidar su posición. Aliándose a la oligarquía y al sector derechista de la pequeña burguesía (el cual será aplastado el año siguiente), la burguesía apoya, en 1937, la implantación de un régimen dictatorial, bajo el liderazgo de Vargas.

El "Estado Nôvo" de 1937, siendo un régimen bonapartista, está lejos de representar una opresión abierta de clase. Al contrario, a través de una legislación social avanzada, que se complementa con una organización sindical de tipo corporativo y un fuerte aparato policial y de propaganda, trata de encuadrar a las masas obreras. Paralelamente, instituyendo el concurso obligatorio para los cargos públicos de bajo y medio nivel, concede a la pequeña burguesía (única clase verdaderamente letrada) el monopolio de los mismos y le da, por tanto, una perspectiva de estabilidad económica.

La cuestión fundamental está en comprender por qué la revolución de 1930 condujo a ese equilibrio político, y más exactamente por qué tal equilibrio se basó en un compromiso entre la burguesía y la antigua oligarquía terrateniente y mercantil. La izquierda brasileña, haciéndose eco de un Virgínio Santa Rosa (intérprete de la pequeña burguesía radical de los años 30), tiende hoy a atribuir ese hecho a la ausencia de conciencia de clase, por parte de la burguesía, explicable por la circunstancia de haberse realizado la industrialización a costa de capitales originados por la agricultura, que no encontraban ya allí un campo de inversión. Incide, en nuestro entender, en un doble error.

Primero, el desplazamiento de capitales de la agricultura hacia la industria tiene muy poco que ver, en sí mismo, con la conciencia de clase. No son los capitales los que tienen tal conciencia, sino los hombres que los manejan. Y nada indica (al contrario, estudios recientes dicen lo inverso) que los latifundistas háyanse convertido ellos mismos en empresarios industriales. Lo que parece haber pasado ha sido un, drenaje de los capitales de la agricultura hacia la industria mediante el sistema bancario; lo que, de paso, explica ampliamente el comportamiento político indefinido y aun doble de la banca brasileña.

El segundo error es el de creer que la burguesía industrial no ha luchado por imponer su política, siempre que sus intereses no coincidían con los de la oligarquía latifundista-mercantil. Toda la historia político-administrativa del país en los últimos cuarenta años ha sido, justamente, la historia de esa lucha, en el terreno del crédito, de los tributos, de la política cambiaria. Si el conflicto no fue ostensible, si no estalló en insurrecciones y guerras civiles, es precisamente porque se desarrolló en el marco de un compromiso político, el de 1937. Los momentos en que ese compromiso ha sido puesto en jaque fueron aquellos en que la vida política del país se convulsionó: 1954, 1961, 1964.

Ahora bien, el compromiso de 1937 expresa de hecho una complementación entre los intereses económicos de la burguesía y de las antiguas clases dominantes; es en este marco que el drenaje de capitales tiene sentido, aunque no se pueda confundir tal drenaje con la complementación misma. Y es por haber reconocido la existencia de ésta y actuado en consecuencia por lo que no se puede hablar de falta de conciencia de clase por parte de la burguesía brasileña.

Uno de los elementos significativos de esa complementariedad es, en efecto, el drenaje de capitales hacia la industria, por el cual la burguesía tuvo acceso a un excedente económico que no necesitaba expropiar, puesto que se le ponía espontáneamente a su disposición. No es, sin embargo, el único: mantener el precio externo del café, mientras se devaluaba internamente la moneda, interesaba a los dos sectores —a la oligarquía porque preservaba el nivel de sus ingresos, a la burguesía porque funcionaba como una tarifa proteccionista. La demanda industrial interna era, por otra parte, sostenida exactamente por la oligarquía, necesitada de los bienes de consumo que ya no podía importar, y en condición de adquirirlo solamente en la medida en que se le garantizaba el nivel de sus ingresos.

Éste será, sin duda, el punto esencial para comprender la complementariedad objetiva en que se basaba el compromiso de 1937. Se trata de ver que, sosteniendo la capacidad productiva del sistema agrario (mediante la compra y el almacenamiento o la quema de los productos inexportables), el Estado garantizaba a la burguesía un mercado inmediato, el único en realidad de que podía disponer en la crisis coyuntural mundial. Por sus características rezagadas, el sistema agrario mantenía, por otra parte, su capacidad productiva a un nivel inferior a las necesidades de empleo de las masas rurales, forzando un desplazamiento constante de la mano de obra hacia las ciudades. Esta mano de obra migratoria no iba, tan sólo, a engrosar la clase obrera empleada en las actividades manufactureras, sino que crearía un excedente permanente de trabajo, es decir, un ejército industrial de reserva que permitía a la burguesía rebajar los salarios e impulsar la acumulación de capital exigida por la industrialización. En consecuencia, una reforma agraria no habría hecho más que trastornar ese mecanismo, siendo inclusive susceptible de provocar el colapso de todo el sistema agrario, lo que hubiera liquidado el mercado para la producción industrial y engendrado el desempleo masivo en el campo y en la ciudad, desencadenando, pues, una crisis global en la economía brasileña.

Es por lo que no cabe hablar de una dualidad estructural de esa economía, tal como se la suele entender, es decir, como una oposición entre dos sistemas económicos independientes y aun hostiles, sin que la cuestión quede seriamente confundida.[25] Al contrario, el punto fundamental está en reconocer que la agricultura de exportación fue la base misma sobre la cual se desarrolló el capitalismo industrial brasileño. Más que esto, y desde un punto de vista global, la industrialización fue la salida que encontró el capitalismo brasileño en el momento en que la crisis mundial, iniciada con la guerra de 1914, agravada por el *crack* de 1929 y llevada a su paroxismo con la guerra de 1939, trastornaba el mecanismo de los mercados internacionales.

25. La refutación más radical de la tesis del dualismo estructural, la hizo Andrés Gunder Frank, en su *Capitalism and underdevelopment in Latin America,* Nueva York, Monthly Review Press, 1967.

Este razonamiento conduce también a desechar la tesis de una revolución permanente de la burguesía, puesto que se tiene que enmarcar su revolución en el período 1930-1937. El "Estado Nôvo" no sólo significa la consolidación de la burguesía en el poder: representa también, la renuncia de esa clase a cualquier iniciativa revolucionaria, su alianza con las viejas clases dominantes en contra de las alas radicales de la pequeña burguesía, así como de las masas proletarias y campesinas, y el encauzamiento del desarrollo capitalista nacional por la vía trazada por los intereses de la coalición dominante que él expresa.

La ruptura de la complementariedad

Alimentada con el excedente económico creado por la explotación de los campesinos y obreros, y teniendo a la estructura agraria como elemento regulador de la producción industrial y del mercado de trabajo, la industria nacional que se desarrolla entre los años 1930-1950 depende del mantenimiento de esa estructura, aunque se enfrente constantemente al latifundio y al capital comercial en lo que atañe a la apropiación de las ganancias creadas por el sistema. Sin embargo, y en la medida que se realiza el desarrollo económico, el polo industrial de esa relación tiende a autonomizarse y entra en conflicto con el polo agrario. Es posible identificar tres factores a raíz de ese antagonismo.

El primero se refiere a la crisis general de la economía de exportación, en Brasil, como un resultado de las nuevas tendencias que rigen en el mercado mundial de materias primas. Aplazada por la guerra de 1939 y por el conflicto coreano, esa crisis se volverá ostensible a partir de 1953. La incapacidad del principal mercado comprador de los productos brasileños —el norteamericano— para absorber las exportaciones tradicionales del país, la competencia de los países africanos y de los propios países industrializados y la formación de zonas preferenciales, como el Mercado Común Europeo, la hacen irreversible.

Esta situación ya determinaba que la complementariedad, hasta entonces existente, entre la industria y la agricultura se viera puesta en duda. Amén de la acumulación de existencias invendibles, que debiendo ser financiadas por el gobierno representaban una inmovilización de recursos retirados a la actividad industrial, la agricultura ya no ofrece a la industria el monto de divisas que ésta necesita, en escala creciente, para importar equipos y bienes intermedios, sea para mantener en actividad el parque manufacturero existente, sea, principalmente, para propiciar la implantación de una industria pesada. Así es que, a pesar de que las exportaciones mundiales aumentan, entre 1951 y 1960, en un 55%, creciendo a la tasa media geométrica del 5.03%, las exportaciones brasileñas disminuyen, en el mismo período, en un 38%, bajando a la tasa media geométrica anual de 3.7%.[26] Mientras tanto, las importaciones de materias primas, combustibles, bienes intermedios, equipos para atender la depreciación y trigo, representan el 70% del total de las importaciones, lo que vuelve extremadamente rígida esa cuenta de la balanza comercial, ya que "cerca del 70% del total de la importación está constituido por productos imprescindibles a la manutención de la producción interna corriente y a la satisfacción de las necesidades básicas de la población".[27]

Un segundo factor que estimula el antagonismo entre la industria y la agricultura resulta de la incapacidad de ésta para abastecer los mercados urbanos del país, en franca expansión. Las carencias surgidas en el suministro de materias primas y géneros alimenticios a las ciudades provocan el alza de precios de unas y de otros. Consecuencia del carácter rezagado de la agricultura que resulta a su vez de la concentración de la propiedad de la tierra –este hecho es puesto en evidencia por su repercusión en el nivel de vida de la clase obrera. La presión sindical en pro de mejores salarios

26. Datos proporcionados por la revista de la Confederación Nacional de la Industria del Brasil, *Desenvolvimento & Conjuntura,* Río de Janeiro, marzo de 1965, p. 111.

27. *Programa de Ação Econômica do Govêrno, 1964-1966, op. cit.*, pp. 120-121. A continuación, el documento señala explícitamente: "Si el país no logra invertir en un futuro próximo la tendencia desfavorable de la capacidad para importar de los últimos años, será tal vez necesario racionar las importaciones más allá del mencionado margen de 30%, con lo que se comprometería no solamente la tasa de desarrollo económico, sino también la de la producción corriente."

colmará esa tendencia, gravando pesadamente el costo de producción industrial y conduciendo a la larga a la depresión económica.

Un último factor que puede ser aislado, para fines analíticos, es la modernización tecnológica que acompañó al proceso de industrialización, principalmente después de la guerra de 1939. Reduciendo la participación del trabajo humano en la actividad manufacturera, en términos relativos, ello condujo a que se produjera un fuerte margen entre los excedentes de mano de obra liberados de la agricultura y las posibilidades de empleo creadas por la industria. El problema no hubiera sido tan grave si la mano de obra excedente estuviera en condiciones de competir con la mano de obra empleada, pues la existencia de un mayor ejército industrial de reserva neutralizaría la presión sindical por aumento de salarios, contrarrestando el efecto del alza de los precios agrícolas internos. Esto no se dio, ya que esa mano de obra sólo se puede emplear en ciertas actividades que exigen poca calificación del trabajo (la construcción civil, por ejemplo), aumentando su incapacidad profesional al mismo ritmo que avanza la modernización tecnológica. En consecuencia, los sectores claves de la economía, como la metalurgia, la industria mecánica, la industria química, no pudieron beneficiarse de un aumento real de la oferta de trabajo, en proporción a la migración interna de mano de obra.

En esas condiciones, las migraciones rurales representaron cada vez más un empeoramiento de los problemas sociales urbanos. Esos problemas se unieron a los que surgían en el campo, donde cundía la lucha por la posesión de la tierra y se producían movimientos como el de las Ligas Campesinas. Sin llegar jamás a determinar el sentido de la evolución de la sociedad brasileña, el movimiento campesino, con sus conflictos sangrientos y sus consignas radicales, acabó por convertirse en el telón de fondo donde se proyectó la radicalización de la lucha de clases en las ciudades.

La ruptura de la complementariedad entre la industria y la agricultura, conduciendo al planteamiento de la necesidad de una reforma agraria, determinó, por parte de la burguesía, el deseo de revisión del compromiso de 1937, revisión intentada con el segundo gobierno de Vargas

(1951-1954), y con los gobiernos de Quadros (1961) y Goulart (1963-1964). En realidad, lo que pasaba era que el desarrollo del capitalismo industrial brasileño chocaba con el límite que le imponía la estructura agraria. Al estrellarse contra el otro límite, representado por sus relaciones con el imperialismo, todo el sistema entraría en crisis, la cual no sólo revelaría su verdadera naturaleza, sino también lo impulsaría hacia una nueva etapa de su desenvolvimiento.

La embestida imperialista

En el período clave de su desarrollo, es decir, entre 1930 y 1950, la industria brasileña se benefició de la crisis mundial del capitalismo. Esto se debió no sólo a la imposibilidad en que se encontró la economía nacional para satisfacer con importaciones la demanda interna de bienes manufacturados, sino también porque la crisis le permitió adquirir a bajo precio los equipos necesarios a su implantación y, principalmente, porque ella alivió considerablemente la presión de los capitales extranjeros sobre el campo de inversión representado por Brasil. Esta situación es común para el conjunto de los países latinoamericanos. Las inversiones directas norteamericanas en América Latina, que habían sido del orden de los 3 462 millones de dólares en 1929, bajaron a 2 705 millones en 1940; todavía en 1946 el monto de esas inversiones es inferior al de 1929, mas en 1950 alcanza ya un nivel superior sumando 4 445 millones, para llegar, en 1952, a los 5 443 millones de dólares y doblar esa suma a principios de la década de 1960.

Este cambio de tendencias no se limita al monto de las inversiones, sino que afecta también su estructura. Así, mientras en 1929 solamente 231 millones (menos del 10% del total) eran invertidos en la industria manufacturera, este sector atraía, en 1950, el 17.5% (780 millones) y el 21.4% en 1952 (1 166 millones de dólares). Si tomamos la relación entre la incidencia de las inversiones en el sector agrícola y en la minería, petróleo y manufactura, veremos que la distribución proporcional de 10% y 45%, respectivamente, que existía en 1929, pasa a ser, en 1952, de 10% y de 60% del total.

En la historia de las relaciones de América Latina con el imperialismo norteamericano, los primeros años de la década de 1950 constituyen, pues, un *tournant.* Así también para Brasil. Es cuando la crisis del sistema tradicional de exportación salta a la vista, como señalamos anteriormente. Pero, sobre todo, es cuando se intensifica la penetración directa del capital imperialista en el sector manufacturero nacional, de tal manera que las inversiones norteamericanas, que habían sido allí de 46 millones de dólares en 1929, de 70 millones en 1940 y de 126 millones en 1946, llegan en 1950 a 284 millones y en 1952, a 513 millones de dólares, mientras el monto global de esas inversiones en todos los sectores pasa de 194 millones en 1929 a 240 en 1940, a 323 millones en 1946, 644 en 1950 y 1 013 millones de dólares en 1952.[28]

Esa embestida de los capitales privados de Estados Unidos es acompañada de un cambio en las relaciones entre el gobierno de ese país y el de Brasil. Durante el período de guerra, el gobierno brasileño logra obtener la ayuda financiera pública norteamericana para proyectos industriales de importancia, como la planta siderúrgica de Volta Redonda, que ha permitido la afirmación efectiva de una industria básica en el país. En la posguerra, una misión norteamericana visita a Brasil para realizar un estudio de sus posibilidades económicas e industriales, publicando su informe en 1949, mientras el gobierno brasileño elabora el Plan SALTE (salud, alimentación, transporte y energía), para el período 1949-54. En 1950, todavía, es creada la Comisión Mixta Brasil-Estados Unidos, siendo aprobado por los dos gobiernos un proyecto de financiamiento público norteamericano del orden de 500 millones de dólares, para los proyectos destinados a superar los puntos de estrangulamiento en los sectores infraestructurales y de base.

La ejecución de ese proyecto de financiamiento es obstaculizada, empero, por el gobierno norteamericano, que (al

28. Los datos sobre las inversiones norteamericanas en Latinoamérica y en Brasil fueron suministrados por el Departamento de Comercio de Estados Unidos, en su publicación *U. S. Investments in the Latin American Economy,* 1957.

suceder, 1952, en la presidencia el republicano Eisenhower al demócrata Truman) acaba por negarse a reconocer la obligatoriedad del convenio de ayuda. La táctica era clara: tratábase de imposibilitar a la burguesía brasileña al acceso a recursos que le permitiesen superar con relativa autonomía los puntos de estrangulamiento surgidos en el proceso de industrialización, y forzarle a aceptar la participación directa de los capitales privados norteamericanos, los cuales realizaban, como señalamos, una embestida sobre Brasil. Esa táctica será adoptada, en adelante, de manera sistemática por Estados Unidos, estando a la raíz del conflicto entre el gobierno Kubitschek y el Fondo Monetario Internacional, que estalla hacia 1958, y de la ulterior oposición entre los gobiernos de Quadros y Goulart y la administración norteamericana.

Imperialismo y burguesía nacional

La burguesía brasileña intentará reaccionar contra la presión de Estados Unidos en tres ocasiones distintas. La primera, en 1953-1954, con el brusco cambio de orientación que se opera en el gobierno de Vargas (quien, depuesto en 1945, regresará al poder como candidato victorioso de oposición en 1951). Buscando reforzarse en la política externa por medio de una aproximación a la Argentina de Perón, Vargas altera su política interna, lanzando un programa desarrollista y nacionalista, que se expresa en la resurrección del Plan SALTE (que había quedado sin aplicación y vuelve a la escena bajo el nombre de Plan Lafer), en la ley del monopolio estatal del petróleo y la proposición al Congreso de un proyecto que instituía régimen idéntico para la energía eléctrica, en la creación del Fondo Nacional de Electrificación y en la elaboración de un programa federal de construcción de carreteras. Una primera reglamentación de la exportación de utilidades del capital extranjero es dictada, al mismo tiempo que se anuncia una nueva reglamentación más rigurosa y que el gobierno envía al Congreso, una ley tasando los beneficios extraordinarios. Paralelamente, en pláticas palaciegas, se ventila la intención gubernamental de atacar el problema del latifundio, proponiendo una reforma agraria basada en expropiaciones y en el reparto de tierras. Para sostener su política, Vargas decide movilizar al proletariado urbano: el ministro de Trabajo, João Goulart, concede un aumento de 100% sobre los niveles del salario mínimo y llama a las organizaciones obreras a respaldar al gobierno.

La tentativa fracasa. Presionado por la derecha, hostilizado por el Partido Comunista y acosado por el imperialismo (principalmente gracias a maniobras que disminuían el precio del café, que desencadenaban una crisis cambiaria), el ex dictador acepta la dimisión de Goulart y, mediante varias concesiones, busca un arreglo con la derecha. Pero la lucha iba ya muy adelantada, y el abandono de la política de movilización obrera, expresada por la sustitución de Goulart, sirve tan sólo para entregarlo indefenso a sus enemigos. El 24 de agosto de 1954, virtualmente depuesto, Vargas se suicida.

La Instrucción 113, expedida por el gobierno interino de Café Filho y mantenida por Juscelino Kubitschek (quien asume la presidencia de la República en 1956), consagra la victoria del imperialismo. Creando facilidades excepcionales para el ingreso de los capitales extranjeros, ese instrumento jurídico corresponde a un compromiso entre la burguesía brasileña y los grupos económicos norteamericanos. El flujo de inversiones privadas procedentes de Estados Unidos alcanzó en menos de 5 años cerca de 2.5 mil millones de dólares, impulsando el proceso de industrialización y aflojando la presión que el deterioro de las exportaciones tradicionales ejercía sobre la capacidad para importar. Observemos que esa penetración de capital imperialista presentó tres características principales: se dirigió, casi en su totalidad, a la industria manufacturera y de base; se procesó bajo la forma de introducción en el país de máquinas y equipos ya obsoletos en Estados Unidos; y se realizó en gran parte a través de la asociación de compañías norteamericanas a empresas brasileñas.

Hacia 1960, el deterioro constante de las relaciones de intercambio comercial y la tendencia de las inversiones extranjeras a declinar, agravados por los movimientos reivindicativos de la clase obrera (en virtud, principalmente, de la ya señalada alza de los precios agrícolas internos), agudizan nuevamente las tensiones entre la burguesía brasileña y los monopolios norteamericanos. Jânio Quadros, quien sucede a Kubitschek en 1961, intentará evitar la crisis que se acerca. Expresando los intereses de la gran burguesía de São Paulo, Quadros practica una política económica de contención de los niveles salariales y de liberalismo, cuyo objetivo es crear de nuevo atractivos a las inversiones de capital, inclusive las extranjeras, al mismo tiempo que plantea la necesidad de reformas de base, sobre todo en el campo. A ello agrega una orientación independiente en la política exterior, que se destina a ampliar el mercado brasileño para exportaciones tradicionales, diversificar sus fuentes de abastecimiento en materias primas, equipos y créditos, y posibilitar la exportación de productos manufacturados para África y Latinoamérica. Basado en el poder de discusión que le daba esa diplomacia, y en una alianza con la Argentina de Frondizi (alianza concretada en el acuerdo de Uruguayana, firmado en abril de 1961), Quadros buscará, también sin éxito, imponer condiciones en la conferencia de agosto de Punta del Este, en que se consagra el programa de la Alianza para el Progreso y que representa una revisión de la política interamericana.

Como Vargas, Quadros fracasa. La reacción de la derecha, la presión imperialista, la insubordinación militar lo llevan al gesto dramático de la renuncia. Goulart, que le sucede, después de que se frustra una maniobra para —anunciando lo que pasaría en 1964— someter el país a la tutela militar, dedicará todo el año de 1962 a restablecer la integridad de sus poderes, que la implantación del parlamentarismo, en 1961, limitara. Para ello, revive en la política nacional el frente único obrero-burgués, de inspiración varguista, respaldado ahora por el Partido Comunista.

Aunque los intentos para restablecer la alianza con Argentina no produzcan resultados, ni los de sustituir esa alianza por la aproximación a México y Chile, la política externa brasileña no sufre, con Goulart, cambios sensibles. Internamente, se agudiza la oposición entre la burguesía, sobre todo sus estratos inferiores, y el imperialismo, llevando a la concreción del monopolio estatal de la energía eléctrica, que Vargas planteara en 1953, y a la reglamentación de la exportación de utilidades de las empresas extranjeras. Sin embargo, en 1963, tras el plebiscito popular que restaura el presidencialismo, el gobierno tendrá que enfrentarse a una disyuntiva insuperable: obtener el respaldo obrero para la política externa y las reformas de base, de interés para la burguesía, y contener, al mismo tiempo, por exigencia de la burguesía, las reivindicaciones salariales. La imposibilidad de solucionar esa disyuntiva conduce al gobierno al inmovilismo, el cual acelera la crisis económica, agudiza la lucha de clases y abre, finalmente, las puertas a la intervención militar.

Este examen superficial de las luchas políticas brasileñas en los últimos quince años parece dar razón a la concepción generalmente adoptada por la corriente mayoritaria de izquierda de una burguesía desarrollista, antiimperialista y antifeudal. La primera cuestión está, sin embargo, en saber lo que se entiende por burguesía nacional. Las vacilaciones de la política burguesa y, sobre todo, la conciliación con el imperialismo que puso en práctica en el período de Kubitschek, provocaron juicios que hablaban de sectores de la burguesía comprometidos con el imperialismo, en oposición a la burguesía propiamente nacional. Para muchos, esta última se identificaría con la burguesía mediana y pequeña, siendo calificados dichos sectores comprometidos como una burguesía monopolista o gran burguesía.

La distinción tiene su razón de ser. Se puede, en efecto, considerar que las nacionalizaciones, las reformas de base, la política externa independiente han representado para la gran burguesía, es decir, para sus sectores económicamente más fuertes, más un instrumento de chantaje destinado a aumentar su poder de discusión frente al imperialismo, que una estrategia para lograr un desarrollo propiamente autónomo del capitalismo nacional. Inversamente, para la mediana y la pequeña burguesía (que predominan, sectorialmente, en la industria textil y la industria de refacciones automovilísticas, por ejemplo, y regionalmente en Río Grande do Sul), se trataba efectivamente de limitar, y aun excluir, la participación del imperialismo en la economía brasileña. A esos estratos burgueses más débiles habría que agregar ciertos grupos industriales de gran dimensión, pero todavía en fase de implantación, favorables por tanto a una política proteccionista, como es el caso de la joven siderurgia de Minas Gerais, en la que se realizan, sin embargo, fuertes incidencias de capitales alemanes y japoneses.

La razón para esa diferencia de actitud entre la gran burguesía y sus estratos inferiores es evidente. Frente a la penetración de los capitales norteamericanos, la primera tenía una opción –la de asociarse a esos capitales– que más que una opción, era una conveniencia. Es normal que el capital extranjero, ingresando al país principalmente bajo la forma de equipos y técnicas, buscase asociarse a grandes unidades de producción, capaces de absorber una tecnología que, por el hecho de ser obsoleta en Estados Unidos, no dejaba de ser avanzada para Brasil. Aceptando esa asociación, y beneficiándose de las fuentes de crédito y de la nueva tecnología, las grandes empresas nacionales aumentan su plusvalía relativa y su capacidad competitiva en el mercado interno. En estas condiciones, la penetración de capitales norteamericanos significa la absorción y la quiebra de las unidades más débiles, expresándose en una acelerada concentración de capital, que engendra estructuras de carácter cada vez más monopolista.

Esto es lo que explica que hayan sido los estratos inferiores de la burguesía y los grandes grupos (no necesariamente nacionales) todavía incapaces de sostener la competencia con los capitales norteamericanos los que movieron la verdadera oposición a la política económica liberal de Quadros, que beneficiaba a los monopolios nacionales y extranjeros, y los que impulsaron, en el período de Goulart, la adopción de medidas restrictivas a las inversiones externas, tales como la reglamentación de la exportación de utilidades –mientras la gran burguesía de São Paulo tendía hacia actitudes mucho más moderadas. Nada de ello impidió que la intensificación de las inversiones norteamericanas, en los años 50, aumentase desproporcionadamente el peso del factor extranjero en la economía y en la vida política de Brasil. Además de acelerar la transferencia del gobierno de sectores básicos de producción a grupos norteamericanos y subordinar definitivamente el proceso tecnológico brasileño a Estados Unidos, eso aumentó la influencia de los monopolios extranjeros en la elaboración de las decisiones políticas y atenuó la ruptura que se había producido entre la agricultura y la industria.[29]

Sin embargo, como los hechos demostraron, lo que estaba en juego, para todos los sectores de la burguesía, no era específicamente el desarrollo, ni el imperialismo, sino la tasa de beneficios. En el momento en que los movimientos de masa pro elevación de los salarios se acentuaron, la burguesía olvidó sus diferencias internas para hacer frente a la única cuestión que le preocupa de hecho: la reducción de sus ganancias. Eso fue tanto más verdadero cuanto que no solamente el alza de los precios agrícolas, que había aparecido a los ojos de la burguesía como un elemento determinante en las reivindicaciones obreras, pasó a segundo plano, en virtud de la autonomía que ganaron tales reivindicaciones, sino también porque el carácter político que éstas asumieron puso en peligro la propia estructura de dominación vigente en el país. A partir del punto en que reivindicaciones populares más amplias se unieron a las demandas obreras, la burguesía —con los ojos puestos en la Revolución cubana— abandonó totalmente la idea del frente único de clases y se volcó masivamente en las huestes de la reacción.

Esas amplias reivindicaciones populares que mencionamos, resultaban en gran parte del dinamismo que ganara el movimiento campesino, mas se explicaban sobre todo por el agravamiento de los problemas de empleo de la población urbana, que acarreara la modernización tecnológica. Esa modernización, de origen extranjero y exigiendo de la mano de obra una calificación que ésta no tenía, acabó por crear una situación paradójica: mientras aumentaba el desempleo de la mano de obra en general, el mercado de trabajo de la mano de obra calificada se agotaba, constituyéndose en un punto de estrangulamiento, que postulaba todo un programa de formación profesional, es decir, tiempo y recursos, para ser superado. La fuerza adquirida por los sindicatos de

29. Principalmente porque las empresas y accionistas extranjeros dependen de las divisas producidas por la exportación para remitir sus ganancias al exterior.

esos sectores (metalurgia, petróleo, industrias mecánicas y químicas) compensó la desventaja que el desempleo creaba para los demás (construcción civil, industria textil), impulsando hacia el alza de salarios en conjunto.

La solución inmediata al problema, por parte de la burguesía, implicaba la contención coercitiva de los movimientos reivindicatorios y una nueva ola de modernización tecnológica que, aumentando la productividad del trabajo, permitiese reducir la participación de la mano de obra en la producción y por tanto aflojar la presión que la oferta de empleos ejercía sobre el mercado de trabajo calificado. Para la contención salarial, la burguesía necesitaba crear condiciones que no derivaban, evidentemente, del frente obrero-burgués, que el gobierno y el PC insistían en proponerle. Para renovar su tecnología, no podía contar con las parcas divisas suplidas por la exportación y, ahora, ni siquiera con el recurso a las inversiones extranjeras.

En efecto, desde 1961 se hace cada vez más sensible la resistencia de los sindicatos al proceso inflacionario de los salarios y se verifica, inclusive, por parte de éstos, una ligera tendencia a la recuperación, al mismo tiempo que se acelera, por mediación del mecanismo de los precios, y en virtud de la rigidez de la oferta agrícola, la transferencia de recursos de la industria hacia la agricultura. Los intentos de la burguesía para imponer una estabilización monetaria (1961 y 1963) fracasan. Sus tentativas para accionar en beneficio propio el proceso inflacionario, a través de alzas sucesivas de los precios industriales, apenas ponen ese proceso a un ritmo más o menos acelerado, en virtud de las respuestas inmediatas que le dan el sector comercial y agrícola y las clases asalariadas.[30] La elevación consecuente de los costos de producción provoca bajas sucesivas en la tasa de ganancias: las inversiones declinan, no solamente las nacionales sino también las extranjeras.

Con la recesión de las inversiones extranjeras, cerrábase

30. La tasa de inflación se aceleró en 1959, pasando del promedio anual de 20% que presentara entre 1951-58 a 52%. Después de atenuarse en 1960, aumentó progresivamente hasta alcanzar el 81% en 1963.

la puerta para las soluciones de compromiso que la burguesía había aplicado desde 1955, al fracasar su primera tentativa para promover el desarrollo capitalista autónomo del país. La situación que debía enfrentar ahora era aún más grave, puesto que, con el desenvolvimiento de la crisis de la balanza de pagos, el punto de estrangulamiento cambiario se agudizaba, y esto al momento mismo en que, terminado el plazo de maduración de las inversiones realizadas en la segunda mitad de los 50, los capitales extranjeros presionaban fuertemente para exportar sus utilidades. Así, pues, la crisis cambiaria se traducía en el deterioro de la capacidad para importar, el cual no solamente no podía ser sorteado mediante el recurso a los capitales extranjeros, sino que era agravado por la acción misma de esos capitales. La consecuencia de la presión de esas tenazas sobre la economía nacional era, por primera vez desde los años 30, una verdadera crisis industrial.

En realidad, lo que se encontraba puesto en jaque era todo el sistema capitalista brasileño. La burguesía –grande, mediana, pequeña– lo comprendió y, olvidando sus pretensiones autárquicas, así como la pretensión de mejorar su participación frente al socio mayor norteamericano, preocupóse únicamente por salvar el propio sistema. Y fue como llegó al régimen militar, implantado el 1o. de abril de 1964.

El subimperialismo

La dictadura militar aparece así como la consecuencia inevitable del desarrollo capitalista brasileño y como un intento desesperado para abrirle nuevas perspectivas de desenvolvimiento. Su aspecto más evidente ha sido la contención por la fuerza del movimiento reivindicativo de las masas. Interviniendo en los sindicatos y demás órganos de clase, disolviendo las agrupaciones políticas de izquierda, y acallando su prensa, encarcelando y asesinando líderes obreros y campesinos, promulgando una ley de huelga que obstaculiza el ejercicio de ese derecho laboral, la dictadura logró promover, por el terror, un nuevo equilibrio entre las fuerzas productivas. Se dictaron normas fijando límites a los reajustes salariales y reglamentando rígidamente las negociaciones colectivas entre sindicatos y empresarios, que acarrearon una reducción sensible en el valor real de los salarios.[31]

Para ejecutar esa política antipopular, fue necesario reforzar la coalición de las clases dominantes. Desde este punto de vista, la dictadura correspondió a una ratificación del compromiso de 1937, entre la burguesía y la oligarquía latifundista-mercantil. Esto quedó claro al renunciar la burguesía a una reforma agraria efectiva, que hiriese el régimen actual de la propiedad de la tierra. La reforma agraria aprobada por el gobierno militar se ha limitado al intento de crear mejores condiciones para el desarrollo agrícola, mediante la concentración de las inversiones y la formación de fondos para la asistencia técnica, dejando las expropiaciones para los casos críticos de conflicto por la posesión de la tierra. Trátase, en suma, de intensificar en el campo el proceso de capitalización, lo que, además de exigir un plazo largo, no pudo realizarse en gran escala, en virtud de la recesión global de las inversiones.

Es necesario, empero, tener presente que no fue la necesidad de respaldo político del latifundio la única causa de esta situación. La contención salarial resta, por un lado, el carácter agudo que tenía para la burguesía el alza de los precios agrícolas, puesto que éstos ya no pueden repercutir normalmente sobre el costo de la producción industrial. Por otra parte, la dictadura militar pasó a ejercer una estrecha vigilancia sobre el comportamiento de los precios agrícolas, manteniéndolos coercitivamente en un nivel tolerable para la industria. Finalmente, la razón determinante para el restablecimiento integral de la alianza de 1937 es el desinterés relativo de la gran burguesía en cuanto a una dinamización efectiva del mercado interno brasileño. Volveremos luego a este punto.

Otro aspecto de la actuación realizada por la dictadura

31. Tomando como base el índice oficial del costo de vida, el Departamento Intersindical de Estadísticas y Estudios Socio-Económicos (DIEESE), de São Paulo, demostró que, en los primeros años del régimen militar y frente a alzas del costo de la vida de 86% y 45.5% respectivamente, los salarios aumentaron sólo en 83% en 1964 y 40% en 1965. En este último año, la reducción del poder adquisitivo real del salario obrero fue del orden del 15.3 por ciento.

militar consistió en la creación de estímulos y atractivos a las inversiones extranjeras, principalmente de Estados Unidos. Mediante la revocación de limitaciones a la acción del capital extranjero, como las que se establecían en la ley de exportación de utilidades, la concesión de privilegios a ciertos grupos, como pasó con la Hanna Corporation, la firma de un acuerdo de garantías a las inversiones norteamericanas, se trató de atraer al país esos capitales. Simultáneamente, conteniendo el crédito a la producción (lo que lleva a las empresas a buscar el sostén del capital extranjero o ir a la quiebra, cuando son compradas a bajo precio por los grupos internacionales); estimulando la llamada "democratización del capital" (lo que implica, en la fase de estancamiento, facilitar al único sector fuerte de la economía, el extranjero, el acceso a por lo menos parte del control de las empresas); creando fondos estatales o privados de financiamiento, basados en empréstitos externos; tributando fuertemente la hoja de salarios de las empresas (lo que las obliga a renovar su tecnología a fin de reducir la participación del trabajo y buscar la asociación con capitales extranjeros) —el gobierno militar promueve la integración acelerada de la industria nacional a la norteamericana. El instrumento principal para alcanzar este objetivo fue el "programa de acción económica del gobierno", elaborado por el gobierno de Castelo Branco para el período 1964-1966. Para atraer a los inversionistas extranjeros, sin embargo, el argumento principal que esgrimió el gobierno fue la baja de los costos de producción en el país, obtenida por la contención de las reivindicaciones de la clase obrera.

La política de integración al imperialismo tiene un doble efecto: aumentar la capacidad productiva de la industria, gracias al impulso que da a las inversiones y a la racionalización tecnológica, y, en virtud de esta última, acelerar el desequilibrio existente entre el crecimiento industrial y la creación de empleos por la industria. No se trata, como vimos, apenas de reducir la oferta de empleos para los nuevos contingentes que llegan anualmente, en la proporción de un millón, al mercado de trabajo: implica también la reducción de la participación de la mano de obra ya en actividad, aumentando fuertemente la incidencia del desempleo.

La integración imperialista subraya, pues, la tendencia del capitalismo industrial brasileño que lo vuelve incapaz de crear mercados en la proporción de su desarrollo y, más aún, lo impulsa a restringir tales mercados, en términos relativos. Trátase de una agudización de la ley general de acumulación capitalista, es decir, la absolutización de la tendencia al pauperismo, que lleva al estrangulamiento de la propia capacidad productiva del sistema, ya evidenciada por los altos índices de "capacidad ociosa" verificados en la industria brasileña aun en su fase de mayor expansión. La marcha de esa contradicción fundamental del capitalismo brasileño lo lleva a la más total irracionalidad, es decir, expandir la producción, restringiendo cada vez más la posibilidad de crear para ella un mercado nacional, comprimiendo los niveles internos de consumo y aumentando constantemente el ejército industrial de reserva.

Esta contradicción no es propia del capitalismo brasileño, sino que es común al capitalismo en general. En los países capitalistas centrales, sin embargo, su incidencia ha sido contrarrestada de dos maneras: por el ajuste del proceso tecnológico a las condiciones propias de su mercado de trabajo y por la incorporación de mercados externos (entre ellos, el mismo Brasil) a sus economías. La irracionalidad del desarrollo capitalista en Brasil deriva precisamente de la imposibilidad en que se encuentra para controlar su proceso tecnológico, ya que la tecnología es para él un producto de importación, estando esta incorporación condicionada por factores aleatorios como la posición de la balanza comercial y los movimientos externos de capital; y de las circunstancias particulares que el país debe enfrentar para, repitiendo lo que hicieron los sistemas más antiguos, buscar en el exterior la solución para el problema del mercado.

Prácticamente, esto se traduce, en primer lugar, en el impulso de la economía brasileña hacia el exterior, en el afán de compensar con la conquista de mercados ya formados, principalmente en Latinoamérica, su incapacidad para ampliar el mercado interno. Esta forma del imperialismo conduce, sin embargo, a un subimperialismo. En efecto, no le es posible a la burguesía brasileña competir en mercados ya repartidos por los monopolios norteamericanos, y el fracaso de la política externa independiente de Quadros y Goulart lo demuestra. Por otra parte, esa burguesía depende para el desarrollo de su industria de una tecnología cuya creación es privativa de dichos monopolios. No le queda, pues, sino la alternativa de ofrecer a éstos una sociedad en el proceso mismo de producción en Brasil, argumentando con las extraordinarias posibilidades de ganancias que la contención coercitiva del nivel salarial de la clase obrera contribuye a crear.

El capitalismo brasileño se ha orientado, así, hacia un desarrollo monstruoso, puesto que llega a la etapa imperialista antes de haber logrado el cambio global de la economía nacional y en una situación de dependencia creciente frente al imperialismo internacional. La consecuencia más importante de este hecho es que, al revés de lo que pasa con las economías capitalistas centrales, el subimperialismo brasileño no puede convertir la expoliación, que pretende realizar en el exterior, en un factor de elevación del nivel de vida interno, capaz de amortiguar el ímpetu de la lucha de clases; tiene, al contrario, por la necesidad que experimenta de proporcionar un sobrelucro a su socio mayor norteamericano, que agravar violentamente la explotación del trabajo en el marco de la economía nacional, en el esfuerzo para reducir sus costos de producción.

Trátase, en fin, de un sistema que ya no es capaz de atender a las aspiraciones de progreso material y de libertad política, que movilizan hoy a las masas brasileñas. Inversamente, tiende a subrayar sus aspectos más irracionales, encauzando cantidades crecientes del excedente económico hacia el sector improductivo de la industria bélica y aumentando, por la necesidad de absorber parte de la mano de obra desempleada, sus efectivos militares. No crea, de esta manera, tan sólo las premisas para su expansión hacia el exterior: refuerza también internamente el militarismo, destinado a afianzar la dictadura abierta de clase que la burguesía se ha visto en la contingencia de implantar.

Revolución y lucha de clase

Es en esta perspectiva que se ha de determinar el verdadero carácter de la Revolución brasileña. Por supuesto, nos referimos aquí a un proceso venidero, ya que hablar de él como de algo existente, en la fase contrarrevolucionaria que atraviesa el país, no tiene sentido. Identificar esa revolución con el desarrollo capitalista es una falacia, similar a la de la imagen de una burguesía antiimperialista y antifeudal. El desarrollo industrial capitalista fue, en realidad, lo que prolongó en Brasil la vida del viejo sistema semicolonial de exportación. Su desarrollo, en lugar de liberar al país del imperialismo, lo vinculó a éste aún más estrechamente, y acabó por conducirlo a la presente etapa subimperialista, que corresponde a la imposibilidad definitiva de un desarrollo capitalista autónomo en Brasil.

La noción de una "burguesía nacional" de poco alcance, capaz de realizar las tareas que la burguesía monopolista no llevó a cabo, no resiste, a su vez, el menor análisis. No se trata solamente de señalar que los intereses primarios de esos estratos burgueses son los de cualquier burguesía, es decir, la preservación del sistema contra toda amenaza proletaria, como lo demostró su respaldo al golpe militar de 1964. Trátase, principalmente, de ver que la actuación política de la llamada "burguesía nacional" expresa su rezago económico y tecnológico y corresponde a una posición reaccionaria, aun en relación al desarrollo capitalista.

El motor de ese desarrollo está constituido, sin lugar a dudas, por la industria de bienes intermedios y de equipos, es decir, aquel sector donde reina soberana la burguesía monopolista asociada a los grupos extranjeros. Son las necesidades propias de tal sector las que impulsaron al capitalismo brasileño hacia la etapa subimperialista, único camino que encontró el sistema para seguir con su desarrollo. A esta alternativa, la "burguesía nacional" nada tiene que contraponer, sino una demagogia nacionalista y populista, que apenas encubre su incapacidad para hacer frente a los problemas planteados por el desarrollo económico.

La prueba de ello está en que, a pesar de la fuerza que los sectores medios y pequeños de la burguesía disfrutaron en el período de Goulart, gracias a que sus representantes ideológicos ocupaban la mayoría de los puestos oficiales, no lograron encontrar una salida para la crisis económica que se avecinaba. Al contrario, a medida en que la marcha de la crisis se traducía en el incremento de las reivindicaciones populares y en la radicalización política, esos sectores se sumergieron en la perplejidad y el pánico, hasta el punto de entregar, sin resistencia, a la burguesía monopolista el liderazgo de que disponían.

La política subimperialista de la gran burguesía, tratando de compensar la caída de las ventas internas con la expansión exterior, no ha podido, sin embargo, aprovechar a la llamada "burguesía nacional", la cual, en medio de quiebras y suspensiones de pagos, se vio empujada a una situación desesperada. Aprovechándose de las dificultades encontradas para la ejecución de la política subimperialista (dificultades determinadas en gran parte por el esfuerzo de guerra norteamericano en Vietnam y los cambios de la política argentina, posteriores al golpe militar de 1966 en este país), esta burguesía maniobró para introducir modificaciones en la política económica del gobierno, a fin de aliviar su situación. Tales modificaciones se cifran, principalmente, en una liberación en el crédito oficial, lo que, si se realizara sin una correspondiente liberalización de los salarios, agravaría aún más la explotación de la clase obrera; y si se completara con la liberalización salarial, restauraría el *impasse* de 1963, que condujo a la implantación de la dictadura militar.

Es evidente, pues, que la búsqueda de soluciones intermedias, basadas en los intereses de los sectores burgueses más débiles, o resulta impracticable, o es susceptible de conducir, en plazo más o menos corto, a la clase obrera y demás grupos asalariados a una situación peor que en la que se encuentran. Hay que recelar que esto no fuera posible sin un endurecimiento todavía mayor de los aparatos de represión, y un agravamiento del carácter parasitario que tienden a asumir esos sectores burgueses con relación al Estado. En otras palabras, una política económica pequeñoburguesa, en las condiciones vigentes en Brasil, exigiría muy probablemente la implantación de un verdadero régimen fascista.

En cualquier caso, sin embargo, no se estaría dando solución al problema del desarrollo económico, que no puede ser logrado, como pretende la "burguesía nacional", obstaculizando la incorporación del progreso tecnológico extranjero y estructurando la economía con base en unidades de baja capacidad productiva. Para las grandes masas del pueblo, el problema está, inversamente, en una organización económica que no sólo admite la incorporación del proceso tecnológico y la concentración de las unidades productivas, sino que las aceleren, sin que ello implique agravar la explotación del trabajo en el marco nacional y subordinar definitivamente la economía brasileña al imperialismo. Todo está en lograr una organización de la producción que permita el pleno aprovechamiento del excedente creado, vale decir que aumente la capacidad de empleo y producción dentro del sistema, elevando los niveles de salario y de consumo. Como esto no es posible en el marco del sistema capitalista, no queda al pueblo brasileño sino un camino: el ejercicio de una política obrera, de lucha por el socialismo.

A los que niegan a la clase obrera de Brasil la madurez necesaria para ello, el análisis de la dialéctica del desarrollo capitalista en el país ofrece rotunda respuesta. Han sido, en efecto, las masas trabajadoras las que, con su movimiento propio e independiente de las consignas reformistas que recibían de sus directivas, hicieron crujir las articulaciones del sistema y determinaron sus límites. Llevando adelante sus reivindicaciones económicas, que repercutieron en los costos de producción industrial, y atrayéndose la solidaridad de las clases explotadas en un vasto movimiento político, el proletariado agudizó la contradicción surgida entre la burguesía y la oligarquía terrateniente-mercantil e impidió a la primera el recurso a las inversiones extranjeras, forzándola a buscar el camino del desarrollo autónomo. Si al final la política burguesa no condujo sino a la capitulación y, más que a esto, a la reacción, es porque en verdad ya no existe para la burguesía la posibilidad de conducir a la sociedad brasileña hacia formas superiores de organización y de progreso material.

El verdadero estado de guerra civil implantado en Brasil por las clases dominantes, del cual la dictadura militar es la expresión, no puede ser superado mediante fórmulas de compromiso con algunos estratos burgueses. La inanidad de esos compromisos, frente a la marcha implacable de las contradicciones que plantea el desarrollo del sistema, impulsa necesariamente a la clase obrera a las trincheras de la revolución. Por otra parte, el carácter internacional que la burguesía subimperialista pretende imprimir a su explotación, identifica la lucha de clase del proletariado brasileño con la guerra antiimperialista que se libra en el continente.

Más que una redemocratización y una renacionalización, el contenido de la sociedad que surgirá de ese proceso será el de una democracia nueva y de una nueva economía, abiertas a la participación de las masas y vueltas hacia la satisfacción de sus necesidades. En ese marco, los estratos inferiores de la burguesía encontrarán, si quieren, y con carácter transitorio, un papel a desempeñar. Crear ese marco y dirigir su evolución es, sin embargo, una tarea que ningún reformismo podrá sustraer a la iniciativa de los trabajadores.

III

EL MOVIMIENTO REVOLUCIONARIO BRASILEÑO

1. VANGUARDIA Y CLASE

La crisis coyuntural a la que se enfrentó la economía brasileña a partir de 1962 y la agudización de los conflictos sociales y políticos que le correspondió pusieron de relieve, con singular nitidez, las distorsiones estructurales que el desarrollo capitalista del país ha engendrado. Ello propició un deslinde entre los intereses de las distintas fuerzas que articulan la sociedad brasileña y condujo las luchas de clases a una aguda polarización. En consecuencia, la conciencia que se puede tener hoy de las estructuras y tendencias que caracterizan al proceso social de Brasil se ha ensanchado y profundizado considerablemente.

La importancia del período que analizamos aquí reside precisamente en que, al propiciar la clarificación de los intereses de clase de la burguesía y su cristalización en la política subimperialista, con toda la riqueza de matices que ésta implica, definió, por oposición, el carácter eminentemente socialista de los intereses propios de las clases que se le oponen, básicamente los trabajadores de la ciudad y del campo. Existe, sin embargo, una diferencia entre la *démarche* teórica, que permite captar y sistematizar las contradicciones básicas de la sociedad, y la comprensión que de tales contradicciones tienen las fuerzas sociales que las resienten; utilizando una terminología lukacsiana, la conciencia *posible,* que el momento histórico hace factible, no coincide necesariamente con la conciencia *real* de la sociedad. Ambos niveles de conciencia encuentran su punto de convergencia en la práctica política.

De no ser así, es decir, si la historia se cifrase en la correspondencia inmediata entre la formulación de los intereses de las clases y su práctica política, los problemas de estrategia y de táctica no tendrían lugar en ella y las cuestiones propias a la lucha de clases serían asunto, no tanto de las clases mismas, sino más bien de sus "minorías ilustradas", de sus vanguardias. Como ello no se da, el marco de la actuación de la vanguardia está siempre determinado por el grado de correspondencia entre la conciencia que tiene del proceso histórico y la conciencia del mismo a que llegó la clase que representa. Ello significa, por un lado, que no es a partir de su propio nivel de conciencia como la vanguardia establece su práctica política; pero significa también que ésta va orientada precisamente a elevar el nivel de conciencia de la clase. La relación que se establece así entre la clase y su vanguardia constituye la dialéctica misma del desarrollo de ambas, desembocando en su fusión y afirmación como fuerza social autodeterminada, capaz de llevar a cabo una práctica política acorde con sus verdaderos intereses.

Subimperialismo y acumulación de capital

El desarrollo capitalista brasileño se ha caracterizado por las elevadas tasas de plusvalía, que, al reflejar un grado desproporcionado de explotación del trabajo, configuran de hecho una situación de superexplotación. La aceleración de la acumulación de capital de allí derivada implicó una concentración creciente de la riqueza en las manos de los propietarios de los medios de producción y la depauperación absoluta de las grandes masas. En términos de funcionamiento del sistema, ello se tradujo en el crecimiento constante de la capacidad de producción frente al debilitamiento correlativo de la capacidad de consumo del pueblo trabajador y, por ende, del mercado interno.

Hacia 1964, estas dos tendencias opuestas, aunadas a la declinación de la tasa de plusvalía, cuyas causas analizaremos más adelante, habían provocado una crisis económica y conducido al capitalismo brasileño a un *impasse.* Los que preconizaron entonces la adopción de una política de desarrollo autónomo, es decir, basada en la dinamización del mercado interno, no consideraron que la naturaleza misma de la acumulación no lo permitía. En efecto, para adecuar el desarrollo de las fuerzas productivas con el del sistema de producción, sería necesario una verdadera revolución en la tendencia básica de la acumulación: invertir la relación entre la plusvalía y las remuneraciones del trabajo a tal punto que la expansión del consumo provocara un crecimiento más que proporcional de la industria productora de bienes de consumo en relación con el sector de bienes de capital, a manera de convertir aquélla en un mercado dinámico para éste. En otros términos, se proponía reducir drásticamente el ritmo de la acumulación, en aras de su futuro crecimiento, en el momento preciso en que, viendo que ésta se debilitaba, el capital exigía su intensificación.

El esquema subimperialista partió de las reivindicaciones del capital, proporcionándole facilidades para una mayor e inmediata explotación del trabajo y procurándole nuevas oportunidades de mercado. Para esto, tenía que actuar en un doble frente: complementar el mercado interno a través del consumo público y abrirle las puertas del mercado exterior. En el primer caso, y puesto que no se pensaba estimular el consumo popular, el complemento se centró menos en obras de beneficio social que en aquellas relacionadas directamente con los intereses del capital, ya con el fin de crearle mayores facilidades a su reproducción, ya con el de absorber parte de lo que no podría destinarse al consumo popular. Algunas de ellas, como las inversiones en la ampliación del sistema de producción de energía eléctrica, cumplían con ambas finalidades, aumentando las disponibilidades energéticas y absorbiendo bienes producidos por diferentes sectores industriales; otras, como las compras de material bélico y el impulso dado a la industria aeronáutica, satisfacían sobre todo el segundo objetivo, al mismo tiempo que a las ambiciones propias de las fuerzas armadas, que son la columna de sustentación del esquema subimperialista.

En lo referente al mercado externo, las posibilidades de expansión, además de supeditarse a los intereses de los monopolios internacionales, que por ello eran llamados a participar más activamente en la superexplotación del proletariado brasileño, dependían de la capacidad de la burguesía para competir en los mercados exteriores. La hegemonía de los grupos vinculados a la industria pesada, en la coalición dominante, llevaba no sólo a que la expansión se orientara principalmente hacia economías en condiciones de absorber su producción, es decir, más o menos desarrolladas, sino también a que la industria liviana elevara su nivel tecnológico. En efecto, ésta se veía obligada a coadyuvar a la expansión externa mediante la adquisición de una mayor capacidad competitiva y, también, a convertirse en un mercado más dinámico para la industria de bienes de capital.

Dos ejemplos –la cuestión nuclear y la del café soluble– pusieron de relieve las dificultades que se habrían de superar en el plan externo a fin de que se implementara la política subimperialista. Con la primera, la posición del régimen militar brasileño, independientemente de los matices que le dieron el gobierno de Castelo Branco y el de Costa e Silva, fue la de atraerse una cooperación más estrecha de Estados Unidos con el propósito de aumentar el peso de su poderío militar, pero también la de dotar a la industria nacional de una superioridad efectiva sobre los países medianamente desarrollados (además de crear mayores perspectivas a la absorción de la producción pesada). Con el estímulo a la producción y exportación de café soluble, se observó cómo trataba el gobierno de promover la dinamización de la industria liviana, sin recurrir para ello a la ampliación del mercado interno. En ambos casos, los esfuerzos brasileños fueron obstaculizados por Estados Unidos mostrando así los límites dentro de los cuales estaban dispuestos a aceptar la política subimperialista.

Obviamente, esas fricciones no comprometían a la integración con el capital imperialista. Ésta seguía realizándose, como ponen de manifiesto la intensificación del proceso de asociación de capitales, el crecimiento extraordinario de la deuda pública externa, la extensión del control económico y tecnológico de sectores claves de la economía nacional por los grandes trusts extranjeros. Sin embargo, se constituyeron en motivo del descontento de la burguesía en relación con el gobierno militar, ya que ponían en evidencia que el proyecto subimperialista no se llevaría a cabo con la facilidad que se pretendiera. Esto se agravó aún más al surgir otros obstáculos de orden externo: desde la toma del poder por los militares, en junio de 1966, Argentina demostró una creciente hostilidad hacia el proyecto brasileño y, haciéndolo suyo también, forzó al régimen de Castelo Branco a un complicado juego diplomático en el cono sur y a bruscas modificaciones en los planes que se había trazado, con los inconvenientes de allí derivados.

Los obstáculos encontrados para la implementación del modelo subimperialista eran, hasta cierto punto, inevitables. Si provocan –como lo hicieron– diferencias entre la burguesía y el régimen militar, ello se debe antes que nada a que ese modelo, pese a que correspondía a la formulación sistemática de sus intereses de clase, surgiera de su representación ideológico-política, o sea, el equipo tecnocrático-militar que se hizo cargo del poder en 1964; en tanto clase, la burguesía sólo podía tener una conciencia parcial e incompleta de esos intereses, muy inferior en grado a la que ostentaba su representación y, en consecuencia, debía ser "convencida" de que el modelo expresaba la solución más adecuada a los problemas planteados por la acumulación. Para ello era necesario ofrecerle resultados inmediatos, y fue en esa medida como los obstáculos externos, retrasando la obtención de los mismos, provocaron un primer alejamiento entre las reivindicaciones burguesas y la política general del régimen.

Indeseable, por cierto, ese distanciamiento no llegaba a ser un escollo importante para la implementación del modelo subimperialista. En lo referente a la burguesía, el problema más agudo se planteó cuando esa implementación puso al desnudo uno de los elementos constitutivos del modelo, el cual no representaba el interés general de la clase, sino de su capa superior: la concentración y la centralización del capital.

Tal como se planteó en un primer momento, la política económica del régimen militar exhibía, como elemento esencial, la rebaja forzosa del precio de la fuerza de trabajo. Ello interesaba a la burguesía en su conjunto, ya que, como vimos, el problema agudo que enfrentaba se refería a la tasa de plusvalía y, por ende, a la acumulación. Empero, interesaba, especialmente a sus sectores medios y pequeños, los cuales, disponiendo de una tecnología más atrasada, empleaban mayor cantidad de mano de obra y resentían en sus costos de producción de manera más directa las fluctuaciones de los salarios. A partir de su óptica limitada y parcial, estos sectores expresaron su adhesión a la política del régimen, sin preocuparse de analizar todas sus implicaciones.

Ahora bien, la depreciación forzosa a que se somete la remuneración del trabajo conlleva un debilitamiento del consumo popular. La generalidad de los sectores medios y pequeños se mueve en la esfera de los bienes de consumo no durable, y sufrió directamente la caída vertical operada en el poder de compra de las masas. Su situación sólo podría paliarse si dispusieran, mientras duraba la recesión, de fondos propios que los habilitaran a esperar mejores tiempos, o, en su defecto, de fuentes abundantes de crédito. Pero lo que pasó es que no disponían de tales fondos y el gobierno les cerró prácticamente el acceso al crédito, al mismo tiempo que les exigía, a través de medidas tributarias y arancelarias, renovar sus equipos. En otros términos, los empujaba irreversiblemente a la quiebra o a la absorción por grupos más poderosos.

La política gubernamental tenía su lógica, y obedecía tanto a los imperativos de la acumulación como al proyecto subimperialista. En lo concerniente al último aspecto, es obvio que la pretendida expansión comercial hacia el exterior tendría que apoyarse en una industria moderna, dotada de alto poder competitivo. Desde el punto de vista de la acumulación, tratábase fundamentalmente de propiciar la centralización de capitales en beneficio de las grandes empresas, poniendo coto a la dispersión de los mismos que se verificara en el período anterior, principalmente a partir de la segunda mitad de los años cincuenta, cuando, exhortado por la dinamización inflacionaria del mercado interno, las facilidades de crédito y la protección arancelaria, el capital se había reproducido en el seno de la más completa anarquía. Favoreciendo ahora su centralización, el sistema propiciaba la creación de empresas de bienes de consumo capaces de absorber la producción de la industria pesada, al mismo tiempo que creaba condiciones para presionar la declinación del valor de los salarios.

Tecnológicamente rezagadas y económicamente débiles, las empresas medias y pequeñas constituyen, sin embargo, la base del sector más amplio de la burguesía brasileña y ocupan la mayor parte de la mano de obra empleada. Es natural, entonces, que dispongan de un relativo poder de resistencia, que emplearon, reaccionando de acuerdo a las circunstancias, para obstaculizar la política gubernamental principalmente en lo referente a la política fiscal y crediticia. Utilizaron, incluso, su mayor vinculación con las masas trabajadoras, aunque sin arriesgarse a ir más allá de protestas demagógicas por las condiciones de vida que se le habían impuesto, una vez que la depreciación de los salarios era más que nunca –ante las dificultades que enfrentaban– condición indispensable para su supervivencia. Finalmente, trataron de agitar al sector más sensible a su influencia, las clases medias, en contra del gobierno.

Si la gran burguesía no apoyó resueltamente esa reacción, tampoco acudió en defensa del gobierno, dejándose neutralizar. Impaciente con los lentos progresos de la política subimperialista y habiendo logrado imprimir nuevamente a la acumulación un ritmo ascendente (lo que se afirma a partir de 1967), la capa hegemónica del capital no se inclinó precisamente por el abandono del esquema subimperialista en sí mismo, sino más bien por su aplicación con carácter menos ortodoxo. Tuvo lugar una cierta liberalización del crédito al mismo tiempo que se intentó flexibilizar la política salarial, sin que se supiera a ciencia cierta dentro de qué límites esa heterodoxia podría funcionar.

De hecho, lo que se verificaba era una adaptación, un ajuste, de la formulación más pura de los intereses del capital –el modelo subimperialista– al grado de conciencia que de ellos podía tener la clase que lo personifica. A una menor racionalidad en la cristalización de esos intereses correspondió una menor racionalidad en su expresión ideológico-política: el equipo tecnocrático-militar de Castelo Branco cedió lugar al de Costa e Silva, en el cual se mezclaron las reivindicaciones y los apetitos de los varios grupos y facciones que componen la clase burguesa. Simultáneamente, se intentó abrir el escenario político al libre juego de esas reivindicaciones y apetitos, mediante la formación de una auténtica oposición burguesa, el Frente Amplio, hacia el cual convergieron sectores económicos descontentos y grupos políticos marginados por los militares. La burguesía no tardaría incluso en plantearse la conveniencia de asumir otra vez el control directo del poder político y de poner nuevamente a los militares en su posición de garantes del régimen de explotación de que se alimenta.

Pero el movimiento dialéctico de la sociedad capitalista tiene necesariamente dos polos. Los trabajadores se encargarían pronto de recordarlo al capital.

La superexplotación del trabajo

La producción y acumulación capitalista tienen, como mecanismo fundamental, la creación de plusvalía. Básicamente, ésta corresponde a la diferencia entre el valor producido por el obrero y la parte del mismo que le es devuelta, devolución que se hace en diversas formas, de las cuales la más general es el salario. Considerada desde el otro extremo, la plusvalía es la parte del valor producido por el obrero de la que se adueña el propietario de los medios de producción, o sea, el capitalista. La tasa de plusvalía consiste, pues, en la relación existente entre el valor de ésta –es decir, el que es apropiado por el capital– y el valor restituido al obrero, cualquiera que sea su forma.

Más que una relación entre productos, entre cosas, la plusvalía expresa una relación de explotación. En el marco de esa relación, el obrero, trabajando para obtener una remuneración dada, crea un valor correspondiente a la misma en un límite que es inferior a la jornada de trabajo a que se encuentra adscrito; en consecuencia, en el tiempo excedente al que corresponde estrictamente la reproducción del valor expresado por su remuneración, crea un valor excedente, una plusvalía. La relación entre esos dos tiempos de producción contenidos en la jornada de trabajo representa el grado de explotación a que se somete al obrero, grado que es, pues, igual a la tasa de plusvalía.

La acumulación de capital encuéntrase así determinada por la relación existente entre los dos tiempos constitutivos de la jornada de trabajo. Al llamar al primero, aquel en el cual el obrero reproduce su propio valor, tiempo de trabajo necesario, Marx partía del supuesto (y lo tomaba exclusivamente como supuesto) de que ese valor es igual al de los medios de subsistencia requeridos por el trabajador. Tenía con ello una intención política: la de mostrar que, aun en un marco de "justicia", en el cual se restituye al obrero el valor que le corresponde, la relación entre éste y el capitalista no puede jamás dejar de ser una relación de explotación, que sólo desaparece con la supresión del capital mismo, o sea, con el socialismo. Pero se basaba también en el análisis de las tendencias objetivas del sistema, que se orientaban a la fijación del salario en función de las necesidades experimentadas por el obrero en términos de subsistencia. Ello implicaba que, toda vez que la intensificación de la acumulación depende de la existencia del tiempo de trabajo excedente, es decir, de la modificación de la relación entre los tiempos productivos en favor de éste, la correspondencia estable entre el valor del salario y la atención a las exigencias de subsistencia del obrero no permitía sino dos alternativas para incrementar la plusvalía: el aumento de la jornada de trabajo o, manteniéndose igual la jornada e incluso disminuyéndola, la reducción del tiempo de trabajo necesario. A estas alternativas básicas corresponden las categorías de plusvalía absoluta y de plusvalía relativa, siendo importante notar que la última corresponde a la desvalorización *real* de la fuerza de trabajo.

Las condiciones propias de las economía centrales, que no podemos analizar aquí, han contribuido a reglamentar la explotación del trabajo, sobre todo en lo referente a la duración de la jornada y a limitar, por lo tanto, sin eliminarla jamás, la producción de plusvalía absoluta. Las trasgresiones a esos límites, en situaciones de crisis económica o en ramas de producción más atrasadas (atraso que se mide tanto en relación al grado de concentración del capital que allí se verifica, como por su distribución entre maquinaria, instalaciones y materias primas, de un lado, y salarios, de otro), constituyen más bien casos excepcionales, a los que se podría agregar la mayor explotación que se ejerce sobre grupos de trabajadores bajo el pretexto de discriminaciones raciales o religiosas. La regla general ha sido la intensificación de la explotación y, por ende, de la acumulación a través del abaratamiento real de la fuerza de trabajo, logrado principalmente por la reducción del valor de los bienes que requiere para su subsistencia. Con ello, la desvalorización constante de la fuerza de trabajo se ha constituido en un elemento decisivo en la producción y acumulación capitalista en las economías centrales, a tal punto que se podría afirmar que la historia del desarrollo capitalista es en ese sentido la historia de la depreciación del valor real de la fuerza de trabajo.

No es rigurosamente tal el caso de las economías capitalistas periféricas. Operando mediante un aumento desproporcionado de la fuerza de trabajo logrado, ya a través de la importación de mano de obra, ya de la aplicación de una tecnología ahorrativa de mano de obra, esas economías han llevado a cabo su proceso de acumulación fundamentalmente con base en la producción de plusvalía absoluta. Para ello concurre, en parte, la falta de reglamentación de las condiciones de trabajo, y por tanto la extensión irrazonable de la jornada productiva –lo que es cierto sobre todo para las masas trabajadoras del campo–; pero, también, la ruptura de la relación entre la remuneración del trabajo y su valor real, o sea, entre lo que se considera como tiempo de trabajo necesario y las necesidades de subsistencia planteadas efectivamente por el obrero. En otros términos, el aumento del tiempo de trabajo excedente tiende a realizarse sin alterar de hecho el tiempo de trabajo necesario, sino más bien dejando de restituir al obrero el valor que crea en el marco de este último; así, lo que parece ser plusvalía relativa es, a menudo, un caso anómalo de plusvalía absoluta.

Aclaremos un punto: el aumento del tiempo de trabajo excedente significa siempre una mayor explotación de la fuerza de trabajo; en este sentido, los trabajadores de las economías centrales se encuentran sometidos a una intensificación constante de su explotación. Sin embargo, es radicalmente diferente si el mayor grado de explotación corresponde a una disminución real del trabajo necesario, es decir, si se realiza sin que la remuneración del obrero caiga abajo de su valor, o si la extensión del trabajo excedente se hace a expensas del tiempo de trabajo necesario al obrero para reproducir su propio valor, o sea, para crear un valor equivalente al de los bienes indispensables a su subsistencia.

En este último caso, la fuerza de trabajo se estará remunerando a un precio inferior a su valor real, y el obrero no estará sometido tan sólo a un mayor grado de explotación, sino más bien es objeto de una superexplotación.

Son muchas las implicaciones que se derivan de esto. Desde luego, el capitalismo basado en la superexplotación inviabiliza toda posibilidad de desarrollo autónomo y de relaciones laborales "justas", planteando necesariamente la lucha de las clases que se le oponen en términos socialistas. En lo que se refiere directamente a la acumulación, en el primer caso, en que se busca la depreciación del valor real de la fuerza de trabajo, la mayor explotación del obrero conlleva la necesidad de abaratar los bienes necesarios a su subsistencia y, por lo tanto, bajar el costo de producción de los mismos, utilizando los demás mecanismos que influyen en el movimiento de los salarios (principalmente la relación entre la oferta y la demanda de fuerza de trabajo y la represión a las reivindicaciones salariales) como instrumentos auxiliares para mantener la relación entre la remuneración del trabajo y las necesidades de subsistencia del trabajador; en el segundo caso, cuando la fuerza de trabajo se remunera por debajo de su valor, son los mecanismos de presión sobre el trabajador los que pasan a primer plano, mientras que el abaratamiento de las mercancías requeridas para su sustento y de su familia pierde relativamente importancia, sólo volviéndose determinante en momentos excepcionales, en los que los mecanismos de presión no pueden operar prontamente.

Uno de esos momentos excepcionales fue vivido por el proletariado brasileño, en los años inmediatamente anteriores al golpe militar de 1964. La gran división que reinaba en las filas de las clases dominantes y los progresos que realizaban los trabajadores en concienciación y organización desarticularon los mecanismos de presión y (a raíz de la elevación del costo de la vida) provocaron una tendencia alcista en los salarios, que puso en jaque los cimientos mismos de la acumulación de capital en Brasil, es decir, la superexplotación del trabajo. Esto fue cierto incluso para aquellos sectores sobre los cuales la superexplotación se ha ejercido de la manera más brutal y desordenada, las masas rurales, que en un proceso febril de organización sindical y lucha reivindicatoria trataban de hacer realidad la reglamentación de sus condiciones de trabajo, que las fuerzas populares apenas habían arrancado de las manos a la burguesía (el Estatuto del Trabajador Rural fue aprobado por el Congreso en 1962).

La reactivación de la acumulación, en el marco trazado por el modelo subimperialista que se impuso en 1964, dependía así enteramente de la inversión de esa tendencia, o sea, de la reafirmación de la superexplotación del trabajo como mecanismo básico. La ley antihuelga, el llamado "tapón salarial" y los esfuerzos por retirar a los trabajadores el derecho a la estabilidad en el empleo se constituyeron en los puntos-claves de la política económica del régimen militar, y se apoyaron en la disolución o en el control directo de los sindicatos por el gobierno, el desmantelamiento del liderazgo obrero existente y en la represión brutal de las organizaciones políticas que se habían puesto al lado de los trabajadores. El salario medio mensual, en el centro más industrializado del país, São Paulo, que aumentara progresivamente a partir de 1959, pasando de 8 298 cruceiros en este año a 9 611 en 1964, en términos reales, se redujo a 6 876 cruceiros en 1966, sufriendo, pues, en los dos últimos años considerados, una disminución de 15.6% (datos del DIEESE, en cruceiros antiguos).

Para ese triunfo del capital, concurrió decisivamente la extremada juventud del proletariado fabril brasileño, en tanto clase. Sometida a un proceso acelerado de crecimiento en la posguerra, particularmente en la segunda mitad de la década de 1950, la clase obrera brasileña no pudo, en efecto, disponer del tiempo ni de las condiciones necesarias para sacudir el yugo institucional e ideológico que le había sido impuesto por la burguesía, durante el "Estado Nôvo". Fue hacia finales de la década de 1950 cuando se inició un proceso de asentamiento del proletariado fabril, que se conjugó con las presiones ejercidas sobre el costo de la vida por el alza de los precios agrícolas; ambos factores condujeron a las luchas reivindicatorias que cunden en los años previos al golpe militar. El proletariado entró en esa lucha armado con el mismo instrumental sindical heredado del

"Estado Nôvo", caracterizado por su desarticulación y su base estrecha, y encabezado por el mismo liderazgo corrupto que le dejara el varguismo. La reformulación de esas condiciones, mediante la formación de cuadros medios, más vinculados a la base, la unificación de directivas en el Comando General de los Trabajadores y la creación de sindicatos rurales, apenas empezaba, cuando el puño militar de la burguesía arremetió contra el movimiento obrero.

El hecho de que la clase obrera estuviera en los primeros pasos de su constitución como fuerza independiente repercutía también en la situación que privaba en lo que debería ser su representación política –las organizaciones de izquierda. Ahogadas por los contingentes que recibía de una pequeña burguesía en franco proceso de proletarización, esas organizaciones no superaban tampoco el marco en que se habían desenvuelto en la posguerra. La fragmentación a que se habían visto sometidas, en el curso de los primeros años de la década de 1960, no había rebasado todavía el límite en que podría conformarse un auténtico partido revolucionario, es decir, una estructura que expresara la fusión entre los cuadros políticos y los contingentes de masas, y que fuera entonces capaz de ponerse al frente de la lucha que libraban los trabajadores. La gran fuerza de la izquierda seguía siendo el viejo Partido Comunista, que, en comandita con los "pelegos" varguistas, obstruía a la nueva vanguardia el camino hacia la clase obrera y trataba de encauzar a ésta hacia una política de colaboración de clases. Con ello, las organizaciones de la izquierda radical, constituidas preponderantemente por estudiantes, intelectuales y profesionistas, buscaban, como campo de acción, los sectores más permeables a su propaganda radical: el movimiento estudiantil, principalmente, pero también los sectores campesinos más explotados (pequeños propietarios, aparceros, colonos y "posseiros") y la masa creciente del subproletariado urbano, utilizando, en el primer caso, la fórmula de las "ligas campesinas", que Francisco Julião empleara con éxito en el Nordeste, y, en el segundo, las organizaciones de "favelados". De esta manera, mientras el movimiento obrero veía su enorme potencial de lucha desviado por sus directivas reformistas hacia cuestiones meramente reivindicatorias y el apoyo político a una facción de la burguesía, las organizaciones de la izquierda revolucionaria, que sí se planteaban cambios estructurales y la modificación de las relaciones de poder, eran forzadas a limitar su base social a la pequeña burguesía y al subproletariado de la ciudad y del campo. Ese divorcio, fatal para el conjunto de los movimientos de masas, fue lo que facilitó la implantación del terror militar y permitió a la burguesía imponer soberanamente su ley al proceso de explotación a que somete el proletariado brasileño.

Las luchas de masas

No se puede afirmar legítimamente que la izquierda brasileña haya sacado de inmediato todas las consecuencias de la lección de 1964. En una amplia medida, siguió profundizando en la misma dirección que exploraba, antes del golpe militar: los reformistas vieron en éste una prueba más del poderío mítico con que se revisten el capital y sus agentes, tratando de este modo de buscar fórmulas de arreglo con éstos; los grupos revolucionarios reforzaron sus dudas acerca del potencial de lucha de la clase obrera y se volvieron hacia la preparación de acciones guerrilleras, en el campo y en la ciudad, atribuyéndoles el carácter mágico de catalizador de las masas. Pero, lo que la izquierda brasileña no supo hacer conscientemente, se fue imponiendo por la dialéctica misma de la lucha de clases.

Frente a las exhortaciones a una lucha armada, en la que no se le ofrecía otra participación que la de fuerza auxiliar, logística, y que representaba en la práctica dejar a la burguesía con las manos libres para superexplotarla, la clase obrera se aprestó a defenderse, con las armas que históricamente había aprendido a manejar. Privados de sus sindicatos, los trabajadores se entregaron a un lento proceso de reorganización, centrado alrededor de lo que constituía el pilar de la política burguesa: la ley antihuelga, el "tapón" salarial, la estabilidad en el empleo. En esa labor árida, despojada de los atractivos con que el radical pequeñoburgués reviste su concepción de la lucha revolucionaria, pero, por demás consecuente para que los reformistas pudiesen apoyarla, la clase obrera forjó el instrumento que le permitió afirmarse otra vez en la lucha de clases, a escasos tres años del golpe militar: el comité de empresa.

El proceso de reorganización emprendido por la clase obrera no difirió en mucho del que llevaron a cabo otros sectores combativos del movimiento de masas. Aunque aceptaran muchas veces la propaganda de la izquierda revolucionaria en favor de la lucha armada, como se dio marcadamente en el movimiento estudiantil, esos sectores obraron instintivamente en el sentido de abrir cauces a la reaglutinación de sus fuerzas, con el fin de poder actuar, en tanto movimiento de masas, en el plano político. El catalizador de esa reaglutinación fueron siempre reivindicaciones inmediatas (la nueva ley de organización estudiantil, conocida como Ley Suplicy, la mengua de asignaciones presupuestarias a la educación, el problema de los candidatos excedentes a la Universidad, en el caso de los estudiantes; los problemas de salario y de empleo, la defensa del precio de sus productos, en lo referente a los trabajadores rurales y a los campesinos), que ponían en jaque aspectos de la política gubernamental y conducían a la denuncia de la dictadura de clase en sí misma. Ello hizo que la "contrarrevolución preventiva" de 1964 entrara en su cuarto año de existencia en medio de un nuevo ascenso de la lucha de masas, que contrariaba las esperanzas de *pax militar* que la burguesía había puesto en ella.

La señal de partida la dieron los estudiantes. A fines de marzo de 1968, al acercarse la conmemoración del aniversario del golpe militar, la Unión Nacional de Estudiantes empezó a movilizar sus fuerzas, con base en reivindicaciones puramente estudiantiles (como, por ejemplo, la rebaja de precios en los comedores escolares). Era una trampa que tendía a la dictadura, y ésta no supo eludirla: en los primeros actos, la policía mató a tiros a un joven de 17 años, provocando una ola de indignación en todo el país. De norte a sur, las manifestaciones de masas –ahora no sólo estudiantiles– estallaron, a lo que el gobierno contestó lanzando la policía y el ejército contra el pueblo. Ello no obstó para que el sepelio del joven asesinado diera motivo, en Río de Janeiro, a una marcha de 100 mil personas, la mayor manifestación antigubernamental desde el golpe militar. En São Paulo, Belo Horizonte, Brasilia, Porto Alegre, Salvador, Recife, Fortaleza, en todas las grandes ciudades brasileñas las manifestaciones callejeras se repitieron, dando lugar a enconados choques con las fuerzas represivas.

Mientras la rebeldía estudiantil obtenía una gran repercusión, teñida de simpatía, en la prensa burguesa, algo más grave hacía su aparición en el ascenso de las luchas de masas: la resistencia abierta de la clase obrera. Mencionamos ya que, desde 1965, los trabajadores se habían lanzado a una ardua y paciente labor de reorganización, utilizando fundamentalmente a los comités de empresa y, cuando las circunstancias lo permitían, volviendo a posesionarse de sus sindicatos. Señalemos, de paso, que los dos aspectos no se excluían, ya que los comités actuaron tanto en contra de los sindicatos intervenidos por el gobierno o controlados por los "pelegos", como sirvieron de trampolín para la reconquista de los mismos. En esa labor, se destacaron los sectores más avanzados de la clase, dotados de una mayor conciencia y de una tradición de lucha más acentuada, particularmente los trabajadores metalúrgicos.

Desde 1967, éstos dieron motivos de preocupación al gobierno, al amenazar con un paro general en pro de un aumento salarial de 60%, y lo llevaron incluso a dar un paso atrás en las promesas de liberalización que hiciera a principios del año, al asumir la presidencia el mariscal Artur da Costa e Silva. Pero, si la reacción gubernamental fue capaz de contener la explosión del movimiento obrero en aquella época, no lo pudo hacer al desencadenarse las luchas de masas de 1968. En efecto, esa explosión se inicia con la huelga metalúrgica de Belo Horizonte, que se prolongó por varias semanas; avanza con las manifestaciones del primero de mayo (cuyo hecho más notable fueron los acontecimientos de São Paulo, en donde trabajadores y estudiantes expulsaron de la plaza pública a las autoridades gubernamentales y promovieron su propio mitin); y culmina en julio con la huelga metalúrgica de Osasco, en la periferia de São Paulo, cuando por primera vez en décadas, los trabajadores se posesionaron de las fábricas y del sindicato, enfrentándose en abierta lucha con las fuerzas de la represión.

Desde entonces, de manera menos espectacular, pero firme, el proletariado fabril desenvuelve una resistencia tenaz contra la desvalorización de sus salarios, teniendo al frente a los obreros metalúrgicos (quienes vuelven a la huelga otra vez, en Minas Gerais, en octubre, movilizando 20 mil trabajadores, el doble de los efectivos que habían intervenido en la huelga de abril), pero arrastrando a otros sectores, como el de los obreros textiles e incluso a los grupos más combativos de la clase media asalariada, como los empleados de bancos. En lo referente a los trabajadores rurales, se observaba un proceso similar, aunque menos rápido y más limitado, ya que los enfrentamientos en el campo no se veían siempre enmarcados en la reorganización de sus asociaciones de lucha, desmanteladas en 1964. Sin embargo, al lado de los conflictos espontáneos por la tierra, se asistía también a la acción decidida de los sindicatos rurales, allí donde se habían reestructurado, principalmente en algunos estados del Nordeste, como Pernambuco y Maranhão.

Los esfuerzos de la clase obrera para afirmarse de nuevo como polo dinámico de las luchas de clases apenas empezaban, y exigían tiempo para fructificar. De inmediato, su efecto fue despertar la confusión entre las filas de la burguesía (de lo que se aprovechó el gobierno para disolver el Frente Amplio), llevándola a pasar de la ofensiva a una táctica de hostigamiento con relación a los militares. Para ello, siguió brindando un discreto apoyo al movimiento estudiantil, al mismo tiempo que se valía de todo pretexto para hacer sentir al gobierno su ineficiencia –ya se tratara de la crisis de la industria azucarera, ya de los asaltos a bancos y cuarteles promovidos por organizaciones de izquierda. Su propósito evidente era el de ahondar las grietas surgidas en las fuerzas armadas, en relación con su participación directa en el poder, para introducir por allí la cuña de su "movimiento civilista".

Era cierto que la agudización de las luchas de clases en 1968 empezaba a repercutir en las fuerzas armadas. En una gama de actitudes, que iba desde el favorecimiento de una "restauración democrática" hasta la militarización definitiva del aparato del Estado, cundía la división. El descenso progresivo del movimiento de masas, a partir de octubre, que puso a las facciones burguesas en mayor libertad para maniobrar, acabó por conducir a los sectores militares "duros", con base principalmente en la oficialidad joven, a tomar la decisión de actuar rápidamente, con el fin de comprometer al conjunto de las fuerzas armadas con su posición. Una crisis parlamentaria artificialmente provocada y el amparo concedido por la Suprema Corte a algunos de los líderes estudiantiles más conspicuos pusieron de manifiesto la rebelión de la burguesía, o por lo menos de sus representantes más directos. Los militares duros se valieron de ello para lanzarse a un pronunciamiento, que amenazaba en última instancia al mismo grupo instalado ya en el poder, no dejándole a éste otra alternativa que la de, desencadenando un golpe de arriba hacia abajo, cohonestar el pronunciamiento de la base. La promulgación del Acta Institucional número cinco suspendió la Constitución promulgada en 1967, cerró el Congreso, acalló la prensa y redujo a la impotencia a la Suprema Corte. No era tanto la izquierda el objetivo de los militares: era la misma burguesía.

El 13 de diciembre de 1968 pone a Brasil bajo el signo de una aparente paradoja: el régimen militar, que se aboca a la defensa del capital, se niega a someterse a la clase que personifica a éste. La irracionalidad de la sociedad burguesa brasileña, que engendrara la dictadura de clase de 1964, la condujo finalmente a plantearse la supresión de sí misma y, retirando su dominación política del ámbito de la lucha de clases, a intentar transferirla a los cuarteles. Con ello, cayó el último velo que cubría el poder burgués, el cual exhibe ahora sin sombra de pudor lo que constituye su esencia: la fuerza.

Porque no hay que creer que el régimen militar se desligó realmente del humus en que finca sus raíces, el capital. La defensa del sistema de explotación impuesto a las clases trabajadoras sigue siendo la razón de ser de la dictadura, en la medida en que allí se origina y se justifica la institución militar misma. Sin embargo, volviéndose contra la clase a que sirve, ésta trasvaza los intereses del capital por razones de seguridad nacional: intenta imponer así a la burguesía, con carácter permanente, una justificación ideológica que ella aceptara en 1964, en la inteligencia de que se trataba de un expediente provisional, destinado a garantizar la supervivencia del sistema. Lo que no deja de ser significativo de la simbiosis operada entre los intereses de la burguesía y los de la élite militar, a que condujo la problemática propia a la acumulación capitalista en Brasil.

La quiebra del reformismo

El capitalismo brasileño emerge, pues, de la crisis coyuntural, iniciada en 1962, definitivamente subordinado a la hegemonía del gran capital y convertido en una sociedad militarizada, en la que los viejos mecanismos de dominación burguesa –desde el sistema de partidos hasta el control ideológico sobre las masas– han sido sustituidos por la violencia abierta, encarnada en las fuerzas armadas. Con ello se altera radicalmente el marco en que se lleva a cabo la lucha de clases y se pone a las vanguardias de izquierda frente a condiciones de lucha que no guardan ya relación con las que prevalecían hasta 1964 y que, aunque en proceso constante de debilitamiento, lograron todavía cierta vigencia en los años subsecuentes. Las implicaciones que se derivan de ahí para el movimiento revolucionario deben ser correctamente estimadas, si pretendemos garantizarle su victoria.

El punto de partida para plantear la problemática a que se enfrenta hoy la izquierda consiste en ver que, si cambiaron las condiciones de actuación con que contaba, han cambiado también sus condiciones internas. No se trata, exclusivamente, de un resultado circunstancial. Por importante que haya sido, 1964 no fue sino un momento de un proceso que se inicia a fines de la década de 1950 en el seno de la izquierda, el cual se desarrolló en dos planos: el ideológico y el organizativo.

La cuestión ideológica, que domina la dinámica de izquierda en los primeros años de los sesenta, comienza en el seno de las filas marxistas y se irradia después a los sectores nacionalistas y católicos. Su tema central era el papel que podría caber a la burguesía en la revolución brasileña y, en último término, el carácter de dicha revolución. La negativa en reconocer a la burguesía, en tanto clase, un papel efectivo en el proceso y la afirmación de un polo socialista en la izquierda, decididamente hostil a los planteamientos reformistas del Partido Comunista brasileño (polo representado entonces por el grupo "Política Operária"), acaban por poner en tela de juicio la política de colaboración de clases, que éste patrocinaba en nombre de la clase obrera.

Sin embargo, las circunstancias previas a 1964, caracterizadas por la demagogia del gobierno de Goulart y por el ascenso desordenado del movimiento de masas, no favorecían el desarrollo de ese polo revolucionario, ni tampoco el deslinde entre las diferentes tendencias prevalecientes en las esferas más próximas a él. Seguían allí confundidos problemas elementales, como el de la definición de las fuerzas revolucionarias, en los que la izquierda se dividía entre una concepción imprecisa, expresada en el vocablo "pueblo", en el que cabía todo, y una afirmación netamente clasista, que entendía la revolución como la lucha de los trabajadores de la ciudad y del campo. En consecuencia, las cuestiones candentes de estrategia y de táctica apenas podían rozarse, y se referían más bien a la posición a adoptar frente a la burguesía, específicamente frente a Goulart, que propiamente a las tareas concretas que planteaba la movilización popular en términos de lucha revolucionaria. El tema mismo de las formas de lucha quedaba en la sombra: la izquierda revolucionaria recelaba, más que preveía, la reacción de las clases dominantes, lo que la llevaba a hablar de la imposibilidad de una revolución pacífica, sin entregarse de hecho a la preparacion de la lucha armada. Los raros intentos que se hicieron en este sentido revelaron una total incomprensión del proceso que se vivía en Brasil, puesto que, procurando montar focos guerrilleros, desviaron cuadros y recursos hacia tareas que el ascenso de las luchas de masas en el país no planteaba; su fracaso era inevitable.

El pronunciamiento militar de 1964 asestó un golpe mortal a la corriente reformista. Naturalmente, ésta no amaneció muerta el 1o. de abril; siguió defendiéndose, y todavía lo hace. La reacción brutal de las clases dominantes y su dictadura abierta, expresada por el régimen militar, le retiraban sin embargo posibilidades serias de supervivencia.

El bastión del reformismo, el viejo PCB, de escisión en escisión y sujeto a una sangría permanente en sus bases, acabó por convertirse en un cascarón vacío; su programa actual es una mezcla abigarrada de posiciones y expresa tan sólo su incapacidad para dar una respuesta a la problemática de las luchas de clases en el país.

Paralelamente, la izquierda revolucionaria tendía a la homogeneización de sus supuestos (el tránsito de la Acción Popular desde el existencialismo cristiano a un marxismo de corte chino es harto significativo) y se lanzaba a extirpar las raíces que el reformismo echara entre las masas. En los años que transcurrieron entre el golpe militar y las luchas de 1968, dichas raíces fueron efectivamente arrancadas y se proporcionó a las masas un marco de referencias completamente renovado. Si los movimientos populares anteriores a 1964 se caracterizaron por la aceptación de los valores burgueses de legalidad y democracia formal, el de 1968, aun cuando levantó reivindicaciones democráticas, en oposición a la dictadura militar, se movió siempre en el ámbito del rechazo a las fórmulas burguesas y se planteó concretamente el cambio de las estructuras vigentes, en el sentido de la edificación de una democracia social, y en los sectores más avanzados, de una democracia socialista. Basta con recordar la ocupación de fábricas por los metalúrgicos de Osasco para darse una idea del enfrentamiento clasista que subyacía a la dinámica de las masas. El factor ideológico que propiciara, en el pasado, los avances de la lucha popular (el antigolpismo de 1955, del que resultó el gobierno de Kubitschek; el movimiento en pro de la legalidad, que impidió el golpe militar de 1961) y que condujera a la derrota de 1964 (cuando se esperó en vano que el representante legítimo de la legalidad burguesa, Goulart, hiciera valer sus prerrogativas), desapareció de la política brasileña.

Pero la victoria ideológica de la izquierda revolucionaria tenía sus implicaciones en la esfera organizativa. En efecto, la identificación entre el reformismo y el PCB le planteó, desde un principio, la necesidad de proceder al desmantelamiento del viejo partido, como condición para allanar su trayectoria hacia las masas y, simultáneamente, capitalizar toda una labor de formación de cuadros que aquél había cumplido. Ello presentaba sus inconvenientes: el PCB constituía la única estructura partidaria efectiva de izquierda. Su derrumbe significó, necesariamente, la irrupción de una tendencia dispersadora, excéntrica, en la que la multiplicidad de organizaciones se encontraba en razón directa a su incapacidad operacional.

El problema era particularmente serio. Guardián de una ideología falsamente identificada con el marxismo, pero sólida, el PCB había podido encauzar hacia una cierta política incluso a los núcleos más recalcitrantes de la izquierda revolucionaria. La pérdida de su posición dominante en el seno de la izquierda dejó a ésta sin un centro de gravedad ideológico y político. Los años subsecuentes a 1964 se caracterizarán por una aguda lucha ideológica, librada ahora dentro de la izquierda revolucionaria, y por esfuerzos para definir una estrategia global frente a la dictadura. La homogeneización de sus supuestos ideológicos, si fue buena para establecer un nuevo marco de referencias para la acción de las masas, no lo era para limar las diferencias entre las concepciones particulares del proceso brasileño que enarbolaban las distintas facciones, ni mucho menos para unificar criterios en cuanto a las tareas prácticas que se derivaban de allí. Aun el hecho de que el marxismo se afirmó como base ideológica común de todas ellas no era suficiente, dada la diversidad de elementos que, en tanto movimiento histórico, el marxismo envuelve.

Renovación y herencia en la izquierda

Dos factores concurrieron para agravar la situación. El primero, circunstancial, consiste en la fuerte renovación experimentada por las organizaciones revolucionarias, en lo que a cuadros se refiere. En este sentido, las diferencias entre la izquierda brasileña de 1964 y la de 1969 son tajantes, menos en lo que respecta a la cantidad (difícil de medir, en virtud de las condiciones de estricta clandestinidad que rigen actualmente el reclutamiento) que a la calidad. A diferencia, en efecto, de las motivaciones que inducían a la militancia de izquierda antes de 1964, relacionadas en gran parte con razones de prestigio y con la radicalización de la política nacional, en la que estaba comprometido el mismo gobierno, la adhesión a una organización revolucionaria es, hoy día, fruto de una decisión meditada y valerosa. Aquel que la toma arriesga su seguridad personal, la de sus amigos y la de su familia. La militancia no es ya una pose, es una opción vital. Ello explica, en una amplia medida, la seriedad y la madurez que caracterizan al joven militante brasileño, si se le compara con el que tipificaba su género antes de 1964, además, naturalmente, de la agudización de las luchas de clases en el país y su repercusión en la conciencia revolucionaria.

Sin embargo, las condiciones que imprimen un carácter heroico a la opción del militante responden también de la tendencia a extremar sus consecuencias: no le basta con actuar revolucionariamente, tiene que hacerlo de manera arriesgada y, las más de las veces, violenta. La indignación misma –ese sentimiento revolucionario, como dijo Marx– que lo impulsa a la acción, lo conduce a exigir de ésta resultados palpables que la justifiquen. El resultado es, en parte, el de impulsar a la izquierda hacia la acción directa –que se explicaría mal, sin embargo, en términos exclusivamente psicológicos– pero sobre todo el de exponerla a un desgaste continuo de sus efectivos, grave sobre todo cuando incide a nivel medio y de dirección, ya que dificulta tanto la continuidad del trabajo de las organizaciones, como las afecta en su capacidad de elaboración teórica.

Este último aspecto merece atención. Conviene recordar que la inmadurez de la clase obrera –como mencionamos– facilitó en el pasado la aplicación de los controles ideológicos e institucionales que le impuso la burguesía, con lo que no se generó el impulso necesario a la formación de una vanguardia política de orientación netamente proletaria. El oscurantismo cultural vigente en sociedades como la brasileña, marcadas por el sello de la superexplotación del trabajo, tampoco contribuyó a conformar una capa intelectual armada del instrumental teórico capaz de permitirle el análisis científico de la sociedad explotadora; bástenos con señalar que el marxismo nunca ha llegado a ser una disciplina de estudio aceptada en las universidades, y que recién apareció una traducción de *El capital* al portugués. Habría que considerar, en fin, el desmantelamiento periódico de las vanguardias de izquierda, en las fases de represión de la política nacional, que imposibilitó la creación de una tradición teórica y de militancia, llevando inversamente a que las grandes olas de renovación de la izquierda partieran prácticamente de cero, casi sin tomar en cuenta la experiencia acumulada por las generaciones anteriores en la lucha de clases. Fue, específicamente, el caso de la renovación de los sesenta, que sólo en escala muy reducida pudo aprovechar la experiencia del movimiento comunista brasileño, el cual tenía, empero, para entonces, 40 años de existencia. Todo ello, sumado al desgaste continuo que sufren las organizaciones en materia de cuadros, dificultó considerablemente a la izquierda la elaboración de una teoría de la sociedad brasileña, capaz de fundamentar una estrategia y una táctica adecuadas al proceso real de la lucha de clases.

Dijimos, sin embargo, que para la situación actual concurre un segundo factor. Trátase de algo mucho más decisivo y que responde a la naturaleza misma de la izquierda: su raíz de clase. Por accidentada que haya sido la evolución del movimiento revolucionario en Brasil, y pese a las interrupciones que ha sufrido, su origen se remonta a principios del siglo. Bajo el influjo de la ideología anarcosindicalista, traída por los inmigrantes extranjeros, obreros en su mayoría, toma forma entonces una vanguardia política íntimamente vinculada al despertar de las luchas proletarias. La fundación del Partido Comunista, en 1922, corresponde a la cristalización organizativa de esa vanguardia, en el marco de una aguda radicalización de la política nacional, que culminaría con los sucesos de los años treinta.

El movimiento que condujo a la revolución de 1930 correspondió, en términos de clase, a una división en el seno de la oligarquía y al ascenso de las clases medias, que han sido las que le dieron su contenido propiamente popular. El desarrollo del proceso político lleva a éstas hacia una polarización a derecha y a izquierda, a la que no escapó su espina dorsal: el movimiento tenentista, que regimentaba a la oficialidad joven del ejército. El ala izquierda del tenentismo, vanguardia de las clases medias radicales, acabaría por fusionarse con el recién creado Partido Comunista. No cabe aquí un análisis detallado de esa vanguardia pequeñoburguesa. Bástenos con señalar que, en lo referente a liderazgo popular, sobrepasaba en mucho al Partido. Joven aún, carente de bases y de cuadros, éste se vio prácticamente ahogado por el asalto de la pequeña burguesía radicalizada, la cual en poco tiempo se posesionaba de los puestos clave del aparato partidario y le imponía su propia ideología, disfrazada de marxismo, pero esencialmente conservadora.

Tras la represión que sufrió durante el "Estado Nôvo", el PCB resurgiría, en la posguerra, ampliamente beneficiado por el prestigio adquirido por la Unión Soviética en el mundo occidental. En nueva oleada, la pequeña burguesía, en la que destacaban intelectuales y militares, avasalló otra vez al Partido. Los progresos logrados por éste junto al proletariado no fueron suficientes para neutralizar la influencia pequeñoburguesa: la clase obrera, en proceso de formación, resentía todavía la tutela de la burguesía y carecía de una tradición de lucha independiente (recordemos que sólo conquistará de hecho el derecho de huelga en 1953, después de haberse visto privado de él por casi veinte años). La dirección partidaria no encontró, pues, ningún obstáculo para aliarse a los líderes charros que el "Estado Nôvo" impusiera a los trabajadores y, al contrario, se vio prácticamente impulsada a hacerlo; si ello le abría al Partido amplias posibilidades de penetración en la masa obrera, le imponía también un marco extremadamente limitado de actuación, llevándolo de hecho a no impugnar el liderazgo ideológico e institucional ejercido por la burguesía.

El breve período de rebelión antiburguesa, al que ingresó el PCB después de 1947, cuando la agudización de las relaciones internacionales y la implantación de la guerra fría (que llevó al gobierno del mariscal Dutra a considerarlo ilegal), lo orilló a una posición ultraizquierdista, cristalizada en el Manifiesto de 1950. Es cierto que un análisis detenido de este documento nos mostraría que el izquierdismo se daba más a nivel de las palabras que de las concepciones políticas, ya que el revolucionarismo de que hacía profesión de fe se matizaba convenientemente con la transposición de conceptos, como el de una burguesía nacional al estilo chino, que sólo parcialmente correspondían a la realidad brasileña y al carácter que asumía entonces la dominación imperialista. Sin embargo, en la práctica, la línea de 1950 condujo al Partido al aislamiento, debilitando considerablemente su posición en el escenario político. La tabla de salvación le fue extendida una vez más por la pequeña burguesía, quien, respondiendo a los intereses más apremiantes del capitalismo brasileño en la época, desarrolla el movimiento nacionalista, que recibe su bautismo de fuego en la campaña por la nacionalización del petróleo, en los primeros años de los cincuenta. Renuente en un principio a darle su apoyo, el Partido acaba por adherirse incondicionalmente al movimiento nacionalista, hasta convertirse en su principal abanderado, para la segunda mitad de la década. La colaboración de clases, que la fraseología radical del Manifiesto de 1950 encubría, se convierte entonces abiertamente en la línea política general del movimiento comunista.

La dirección del PCB ha sustentado siempre que las críticas que recibió de la nueva izquierda marxista, a principios de los sesenta, se hacían a partir de posiciones ultraizquierdistas, que implicaban una ruptura con las masas. Independientemente del hecho de que en parte eran producto de una ausencia de vinculación real con las masas, las desviaciones en que incurrió la nueva izquierda se explicaban más bien por la fuerza de reacción que ésta tenía de oponer a la manera como el PCB planteaba la cuestión del frente de clases. Incapaz de entender que, como Marx y Engels ya habían dicho un siglo antes, para luchar contra un enemigo común no se precisa ninguna unión especial, y haciendo caso omiso de la consigna leninista –batirse juntos, marchar separados– la alianza de clases propuesta por el Partido consistía de hecho en convertir a la clase obrera en retaguardia de la burguesía, así como en poner al frente unido de clases bajo la égida del mismo gobierno. Aun las huelgas políticas de 1962, que podrían pasar como manifestaciones de la lucha independiente de la clase obrera, se dieron, bajo la dirección asociada del PCB con el liderazgo charro, como expresiones de incondicional apoyo a Goulart. El proletariado brasileño llegó, así, a 1964, enteramente desarmado, con su suerte entregada a la correlación de fuerzas que pudiese prevalecer en el seno de las clases dominantes y, más específicamente, del ejército.

La quiebra de la política de colaboración de clases y la ascensión de las corrientes revolucionarias que disputaban al PCB la hegemonía en la izquierda iniciaron nueva etapa en la política brasileña. Esa etapa no se limitaría, sin embargo, a evidenciar los errores de la línea política del viejo Partido: a lo largo de su desarrollo puso de manifiesto que, bajo nuevos ropajes, la izquierda no cambiaba su naturaleza y seguía siendo, antes que nada, una vanguardia de clase media. La diferencia estriba en que, si el viejo Partido trató, no tanto de orientar y dirigir la lucha de masas hacia la consecución de fines revolucionarios, sino de utilizarla como fuerza de apoyo a su política de transacción y de compromiso, la actual izquierda renuncia a todo diálogo con las clases dominantes y se dispone a atacarlas de frente, dando por sentado el apoyo de las masas. En ambos casos, las vanguardias sustituyen a la clase; en ambos casos, hablan en su nombre, sin escuchar primero lo que ésta dice.

El fenómeno no es exclusivo de Brasil. Corresponde más bien a las sociedades latinoamericanas, en las cuales la superexplotación del trabajo no sólo contribuye a limitar la capacidad teórica de las vanguardias revolucionarias, como ya señalamos, sino también abre un abismo entre las grandes masas, sumidas en la ignorancia, y la pequeña burguesía, cuyo único privilegio social efectivo es el acceso a la cultura. Cuando, además de esto, la explotación económica va aunada a la diferenciación racial, como es el caso más general, el distanciamiento entre la pequeña burguesía y las masas se acusa. El resultado, en su forma más reaccionaria, es un profundo desprecio por las multitudes miserables e incultas, y, en su aspecto progresista, el deseo de redención de las mismas, que oculta mal lo que hay de común entre las dos actitudes: elitismo y paternalismo.

En Brasil, mientras existió un campo de intereses comunes entre la burguesía y el proletariado, esto condujo a la vanguardia pequeñoburguesa al reformismo y a la política de colaboración de clases. El desarrollo de las contradicciones entre el trabajo y el capital, al propio tiempo que favoreció la emergencia, a la derecha, de un equipo tecnócrata militar, que se hizo cargo de la defensa del capital, tendió a hacer cristalizar, en el remolino ideológico y organizativo que se produjo en la izquierda, un fenómeno similar: una concepción tecnocrática y militarista de la lucha de clases, que cobra tanto más fuerza cuanto más se agudizan las contradicciones que le dieron origen y que penetra la mayor parte de las organizaciones existentes. Su importancia en la dinámica del movimiento revolucionario brasileño exige que nos detengamos en su análisis.

Los supuestos de la lucha armada

El punto de partida de esa concepción es la idea de que la lucha de clases en el país ha desembocado en una guerra revolucionaria y que es en función de ello que se habrá de determinar los criterios de la práctica política. El concepto de guerra revolucionaria, tal como se plantea hoy en Brasil, rebasa el de la guerra civil revolucionaria, en el sentido de que –además de ser una lucha a muerte entre las clases explotadas y las fuerzas que apuntalan al régimen de explotación, en las que se incluyen tanto las clases dominantes internas como la burguesía imperialista y que es lo que define la guerra civil revolucionaria en los países capitalistas periféricos– presentaría dos elementos particulares: su carácter prolongado y su realización mediante el enfrentamiento de dos ejércitos, el del pueblo y el de la reacción. En las condiciones existentes en Brasil, ello implica suponer: primero, que el divorcio creciente entre los intereses de las masas trabajadoras y los del capital ha repercutido directamente en la conciencia de las masas predisponiéndolas a la actuación revolucionaria; y, segundo, que el régimen militar no sólo representa un hecho irreversible, sino que su política represiva irá en constante aumento.

Veamos el primer supuesto. Las luchas de masas de 1968, como señalamos, representaban el punto de recuperación del movimiento popular, tras el descenso experimentado a raíz del golpe militar. Su examen muestra claramente que, independientemente de presentar un patrón de radicalismo no sólo superior al que prevalecía antes de 1964, sino cualitativamente distinto, se han distinguido por su carácter estratégico netamente defensivo. Desde luego, una estrategia defensiva no excluye el empleo de tácticas ofensivas; sin embargo, el único caso en que se verificó el intento de adoptar una táctica ofensiva –el del movimiento estudiantil– fue también aquel en que se observó una desviación del enfrentamiento clasista hacia el hincapié en reivindicaciones meramente democráticas, que se centraron en la denuncia de la represión –con lo que el movimiento se ponía, de hecho, en la defensiva. Es significativo que haya sido en torno a esa bandera –la denuncia de la represión– que los estudiantes hayan logrado una efectiva movilización popular, que decreció tan pronto procuraron encauzarla hacia el enfrentamiento directo con el régimen; ello se puede medir fácilmente a través del número siempre menor de participantes en las manifestaciones callejeras que siguieron a la "marcha de los 100 mil", hasta llegar a los choques de grupos aislados con la policía, en los meses de septiembre y octubre. En los demás sectores del movimiento de masas, las luchas se libraron a raíz de reivindicaciones económicas y profesionales, evolucionando progresivamente hacia un enfrentamiento con las fuerzas de la represión, momento en el cual –el caso de Osasco es elocuente– se cerró la posibilidad de lograr una extensión de la movilización de masas. Señalemos que estimaciones hechas por la misma izquierda en relación con las fuerzas obreras que entraron en combate indican que éstas no sobrepasaron mucho el 2% del proletariado fabril brasileño.

En esta perspectiva, el movimiento de 1968, además de presentar un carácter estratégico defensivo, fue limitado en términos de regimentación de fuerzas. Con ello se está lejos de contarse con una actuación resuelta de las masas en contra del régimen de opresión y de explotación a que se las somete. Aunque no lo admita conscientemente, la estrategia de la mayoría de las organizaciones de izquierda lo confirma: sin renunciar a su interpretación de la realidad actual en términos de guerra revolucionaria, plantea de hecho la formación de pequeños grupos armados, en la ciudad y en el campo, con el propósito de levantar el espíritu de lucha de las masas; lo que equivale a admitir que éstas no se encuentran todavía preparadas para la acción. El espíritu de heroísmo y de sacrificio, que en último término es un reflejo del elitismo y del paternalismo propios a la pequeña burguesía, acentúa esa tendencia, reflejándose no sólo en la actuación de las organizaciones, sino también en la psicología del militante, predispuesto ya, como señalamos en este sentido.

La consecuencia es una dicotomía entre el trabajo político y el militar, o, en otros términos, entre el trabajo de masas y la acción directa, que se opera constantemente en detrimento del primero. Al proyectar como realidad concreta el resultado de una percepción teórica –la contradicción antagónica entre el trabajo y el capital– la izquierda tiende a plantarse en el futuro del proceso político, en la guerra de clases, sin preocuparse de las tareas presentes que lo harán posible; actúa, así, en función de su nivel de conciencia, no del que poseen las masas. Considerándose ya involucrada en la guerra revolucionaria, se coloca como tarea inmediata la conducción militar de las clases explotadas, pero, como no espera que éstas intervengan en el combate en un primer momento, acaba por referir a sí misma, y no a las masas, los problemas de la lucha armada. El resultado es la sobrestimación de los aspectos puramente organizativos, que conduce a un perfeccionamiento técnico extremado de las organizaciones, cuyo grado de desarrollo se aleja considerablemente del que se va logrando a nivel de las masas.

Es obvio que para ello concurre la existencia del régimen militar y de la política represiva que éste aplica. Aquí, a diferencia de lo que pasa con el primer supuesto analizado, que toma como presente lo que solamente es el futuro de la lucha de clases, opera un mecanismo opuesto: las condiciones de actuación se consideran dadas a largo plazo y se piensa en el futuro exclusivamente en término de lo existente. Sin embargo, la evolución del régimen militar ha revelado contradicciones entre éste y la burguesía, así como fluctuaciones en la intensidad de la represión. Es cierto que su evolución ha conducido a una afirmación más decidida del régimen frente a la burguesía, y que al debilitamiento de la represión siguió normalmente un refuerzo de la misma. En este sentido, se puede hablar de una tendencia progresiva, que podría justificar la expectativa de la izquierda, sobre todo si consideramos que la dialéctica misma del desarrollo capitalista brasileño, agudizando las contradicciones sociales, descarta la posibilidad de una liberalización política efectiva y estable.

No obstante, no es lo mismo la tendencia profunda del desarrollo de una sociedad y las formas mediante las cuales ella se abre paso. La cooperación antagónica, que rige el proceso de integración del capitalismo brasileño a la economía imperialista, se reproduce en las relaciones propias a la esfera política dominante: ello quiere decir que la fusión entre la burguesía, en tanto clase, y la élite militar es el resultado hacia el cual se orientan las relaciones de poder (lo que no implica necesariamente que el régimen militar sea la única forma de expresión del fenómeno, bastando con observar la forma que asume un bloque militar-burgués mucho más sólido que el brasileño –el de Estados Unidos–); pero quiere decir también que allí se originan contradicciones internas que, sin poner en jaque lo esencial del proceso, abren constantemente fisuras en la estructura de dominación. La importancia que tienen esas fisuras para la dinámica del movimiento de masas la muestran los acontecimientos de 1968. Así como la estructura de dominación se refuerza en función de las contradicciones internas que va generando, al movimiento revolucionario le debe pasar lo mismo: en el primer caso, el reforzamiento implica una mayor cohesión del bloque burgués-militar, gracias al sometimiento o la eliminación de las facciones recalcitrantes; en el segundo, consiste en el estrechamiento de los nexos orgánicos de la izquierda con las masas trabajadoras, simultáneamente con la atracción o la neutralización de capas o grupos que se constituyen todavía en soportes de la estructura de dominación. Es en este sentido que las contradicciones internas de las clases dominantes contribuyen a polarizar la lucha de clases y a crear, entonces, el marco para la guerra civil revolucionaria en el país.

Al perder esto de vista y al preocuparse exclusivamente con el epifenómeno que representa el régimen militar, la izquierda se ha dejado impresionar demasiado con los logros de la estructura de dominación en materia de técnica organizativa. Naturalmente, ante la represión sistemática llevada a cabo por el régimen militar, la izquierda tenía que responder con la construcción de un aparato clandestino capaz de hacerle frente, pero sin olvidar un solo momento que la finalidad de tal aparato es la de permitirle llevar adelante su trabajo de agitación y organización de las masas. Obrar de otra manera sería tomar el medio por el fin y representaría hacerle el juego al régimen, cuya preocupación central es precisamente la de suprimir la práctica política de las masas.

Defender la necesidad del trabajo de masas no significa rechazar la actuación de pequeños grupos. La más notoria de ellas, el terrorismo urbano, es perfectamente combinable con el trabajo de masas, siempre y cuando no se sustituya a éste y no tienda a convertirse en elemento central de la actuación revolucionaria; ello implicaría actuar a espaldas de las masas y llevaría necesariamente al aislamiento de la vanguardia. Hablemos claro: el aislamiento no vendría tanto —como sostienen los reformistas— del que los métodos terroristas "asustan" a las masas, sino de que no las comprometen directamente en la acción y las transforman en espectador pasivo de un combate, en el que a lo sumo pueden dedicar su simpatía a uno de los bandos, pero no intervenir en su desarrollo. Y es la práctica política de las masas, no lo olvidemos, el objetivo último de la actuación de la vanguardia, así como el único camino mediante el cual pueden ambas convergir hacia la formación de una verdadera fuerza revolucionaria.

Se impone, pues, rehuir cualquier razonamiento en abstracto sobre las formas de lucha, y referirlo siempre al criterio de su efecto sobre las masas. Planteado de esta manera, y excluidas por lo tanto las acciones sin propósito propiamente político, como las que se destinan a la obtención de recursos y armas, el terrorismo es válido esencialmente como un instrumento de efecto moral y su función es similar a la que cumple una guerra de guerrillas: sembrar la confusión en el ejército enemigo y desmoralizarlo, mientras fortalece el espíritu de lucha de las masas por la confianza que les inspira su vanguardia.

Por lo demás, conviene señalar que los riesgos que presenta el trabajo entre las masas en las fases de aguda represión no tienen tan sólo compensaciones a largo plazo.

Al contrario de la convicción alimentada por muchos de los jóvenes militantes izquierdistas, en el sentido de que, al arriesgar la vida, es preferible hacerlo con un arma en la mano, el trabajo de masas es el medio más seguro para contener la represión policiaca y militar: ésta, en efecto, no se acentúa en las fases de ascenso del movimiento de masas, sino en su fases de descenso, cuando las fuerzas populares carecen de suficiente capacidad de contestación. Limitándonos a hechos recientes, las luchas brasileñas de 1968, la revolución de mayo en Francia, el movimiento estudiantil mexicano de 1968, las luchas de masas de 1969 en Argentina ofrecen múltiples ejemplos que confirman esa aseveración. Explotar al máximo las posibilidades de agitación y organización que las ofensivas populares crean, al orillar a la reacción a la actitud defensiva, y echar con ello las bases para mantener la continuidad de la labor revolucionaria cuando, frente al descenso del movimiento de masas, la reacción vuelve a tomar la ofensiva, tal es el principio básico del trabajo de la izquierda entre las masas, en el marco de una estrategia defensiva como la que imponen las condiciones de lucha vigentes actualmente en Brasil. Es en la medida en que logra prolongar las fases tácticas ofensivas y acortar los períodos de receso como la izquierda acelera el cambio estratégico cualitativo, es decir, el que permite pasar a una estrategia ofensiva: a la guerra civil revolucionaria.

A lo largo de ese proceso, no cabe a la izquierda la responsabilidad de tomar sobre sus hombros las tareas de las masas, ni tampoco de intentar imponerles formas de lucha que no sean producto de la dinámica de éstas. Para el movimiento revolucionario, no existen recetas teóricamente buenas; el único criterio válido es la lucha concreta que llevan a cabo las clases revolucionarias. "El marxismo —escribió Lenin— se distingue de todas las formas primitivas del socialismo en que no liga el movimiento a una sola forma determinada de lucha. El marxismo admite las formas más diversas de lucha; además, no las 'inventa', sino que generaliza, organiza y hace conscientes las formas de lucha de las clases revolucionarias, que aparecen por sí mismas en el curso del movimiento." Y subraya: "El marxismo, en este sentido, *aprende,* si puede decirse así, de la práctica de las masas, lejos de pretender *enseñar* a las masas las formas de lucha inventadas por 'sistematizadores' de gabinete."

Estas consideraciones nos remiten necesariamente al problema de la guerrilla rural, que la izquierda se planteó desde la derrota de 1964. Por alejadas que se encuentren hoy de la concepción estrictamente "foquista", principalmente en lo que se refiere a la distinción tajante entre la lucha urbana y rural que planteó Debray, las organizaciones revolucionarias de Brasil reflejan en muchos aspectos las deficiencias dialécticas de que se resienten las formulaciones de *¿Revolución en la revolución?* Ello es cierto sobre todo en lo relativo a la preeminencia del criterio técnico en la orientación de la actuación de la vanguardia en el campo, en detrimento del criterio político, error que aun el recurso a los planteamientos de Mao Tse-tung no ha podido corregir. En efecto, al hacer hincapié en los aspectos técnicos que envuelve la preparación de la guerrilla rural, la izquierda brasileña se olvida de que éstos son secundarios. El decir secundarios no significa que no sean de vital importancia para el éxito de la operación, sino que no deciden por sí la realización de la misma; para dar un ejemplo, la elección de la zona de acción no puede subordinarse primariamente a sus características topográficas y logísticas, sino más bien a las condiciones políticas que ahí prevalecen. Como puntualizaba Clausewitz: "Sería un contrasentido subordinar el punto de vista político al militar, porque la política es lo que engendra la guerra; ella es su inteligencia y la guerra su instrumento, no al revés." El mismo Clausewitz distinguía con gran lucidez los niveles en que actúan los criterios políticos y los criterios técnicos: "Es obvio que la política no entra profundamente en los detalles de la guerra; no se establecen puestos avanzados, ni se conduce una patrulla en función de la política; pero ella ejerce una influencia decisiva en la elaboración de los planes de guerra y frecuentemente inclusive en el dispositivo de las batallas."

En Brasil, la extensión del capitalismo en el campo engruesa constantemente las filas del proletariado agrícola, y tiende a engendrar, ya sea una acción organizada en pro de reivindicaciones de empleo y de salario, ya la violencia espontánea por cuestiones inmediatas de supervivencia. En estas condiciones, sólo en donde el trabajo entre las masas no puede prescindir del respaldo de las armas se justifica el foco guerrillero. Y aun allí, es necesario considerarlo en su justa medida, es decir, no tanto como el embrión de un posible ejército revolucionario, sino más bien como lo que verdaderamente es: un instrumento de propaganda armada, que repite, en cierta medida, una experiencia familiar en la lucha de clases brasileña, la de la Columna Prestes. Esto no quiere decir que el foco guerrillero no pueda ser también la base de un ejército revolucionario: hacer hincapié en ello ahora, desde este punto de vista, sería, sin embargo, jugar sobre el futuro, profetizar que el proceso brasileño será similar al de China —para lo que habrían de concurrir muchos factores, principalmente la intervención decidida del imperialismo norteamericano. Por verosímil que parezca esa intervención, no lo es todavía en la situación a que nos enfrentamos en este momento, ni llegará a serlo mientras no se lleve a cabo la tarea fundamental de la vanguardia revolucionaria: realizar en la práctica el frente de los trabajadores de la ciudad y del campo.

Cabría señalar aquí que la identificación de la lucha armada con la actuación de comandos urbanos y de destacamentos guerrilleros en el campo hace caso omiso de las experiencias más visibles que, en materia de violencia, nos han proporcionado las luchas de clases en años recientes. Además de los conflictos por la tierra, que son una constante en regiones económicamente rezagadas o en proceso de asentamiento demográfico, la violencia de masas estuvo presente en Río de Janeiro, en la huelga general de julio de 1962, así como en Brasilia, en 1964, en forma muy similar a lo que constituye ya una tradición en el nordeste: el asalto a tiendas de alimentos en las ciudades y pueblos del interior por masas hambrientas, que se desplazan en busca de trabajo. En ambos casos, tenemos acciones espontáneas del subproletariado urbano y rural, que se agotan en sí mismas, por falta de perspectiva política. La marcha inexorable del capitalismo brasileño no puede sino agudizar esa tendencia, pero la izquierda está obligada a imprimirle el carácter de una forma de lucha conscientemente revolucionaria.

No existe, de hecho, ninguna razón para identificar la lucha armada con esta o con aquella forma de actuación de la vanguardia, ni mucho menos con este o aquel sector de las clases explotadas. La lucha armada corresponde a una forma general de la lucha de clases, aquella que se afirma en la etapa en que las clases revolucionarias, tras adquirir conciencia y organización mediante una serie de combates parciales, se deciden a pasar a la ofensiva y a arrancar de las manos el poder político que detenta el capital. El papel de la vanguardia no es el de anticiparse a las masas, ni siquiera el de intentar dirigirlas en todos sus movimientos, como si se tratara de regimientos jerárquicamente dispuestos. El papel de la vanguardia consiste en luchar al lado de los trabajadores, allí y como éstos se lanzan al combate, esforzándose por elevar su nivel de conciencia y por desarrollar las formas de organización que ellos mismos se dan. Ante todo, su papel es el de proporcionar a las clases revolucionarias una dirección política, mediante la cual las luchas parciales que ahora se libran se encaucen progresivamente hacia el asalto directo al bastión de la burguesía.

2. LUCHA ARMADA Y LUCHA DE CLASES

El desarrollo reciente de la izquierda brasileña presenta dos características principales: de un lado, la quiebra de la ideología reformista y de la política de colaboración de clases, y, de otro, la emergencia de la lucha armada como criterio rector de la acción revolucionaria. Aunque estrechamente vinculados entre sí, estos dos fenómenos corresponden a momentos distintos del proceso político y contribuyen de manera específica a conformar la situación que atraviesan actualmente las organizaciones de vanguardia en el país. Trataremos de analizarlos aquí, en la inteligencia de que todo intento para aclarar la problemática a que se enfrenta hoy el movimiento revolucionario en Brasil representa un esfuerzo para encaminar su solución.

Partido versus clase

El reformismo y la colaboración de clases correspondieron a las condiciones del desarrollo capitalista brasileño en el período de posguerra y a los cambios de allí derivados para las relaciones de clases. Animada por una expansión ininterrumpida, la economía brasileña agotó, en esa fase, las posibilidades de la industrialización sustitutiva de importaciones en el renglón de bienes de consumo, con lo que el crecimiento de este sector de producción pasó a estar determinado por el aumento del mercado interno. Las condiciones para una acelerada reproducción del capital que allí existían se han visto así reducidas, lo que impulsó al capital a desplazarse hacia aquel sector de la economía en donde era posible seguir llevando a cabo la sustitución de importaciones –la industria de bienes intermedios, de capital y de consumo durables. Este proceso se cumplió sin que se modificara profundamente la estructura agraria del país, y mediante una participación creciente de los monopolios extranjeros en el mismo.

En la primera etapa de la industrialización, es decir, antes de consumarse el cambio de tendencia expresado por la dislocación de su eje dinámico para la industria pesada, se había observado un aumento relativamente importante del proletariado fabril, mediante la incorporación a la producción de efectivos de fresco origen campesino o desplazados del sector artesanal, y un incremento aún más acentuado de las capas medias, gracias a la expansión de los servicios públicos y privados. Efectuado el cambio de tendencia, hacia la mitad de los años cincuenta, el rasgo más saliente de la estructura social pasó a ser el crecimiento del contingente urbano de masas sin trabajo o de ocupación ocasional, así como la proletarización y la pauperización de las capas medias. Al propio tiempo, la burguesía industrial, que se había reforzado a lo largo de todo el período, aceleró su desdoblamiento interno, conformando dos capas que pasaron a oponerse de manera cada vez más visible: la primera, vinculada al gran capital nacional y asentada principalmente en la industria pesada, representaba una fracción reducida, dado su carácter marcadamente monopolístico, y marchaba rápidamente hacia la integración con los grupos extranjeros; la segunda, referida a las empresas medias y pequeñas, y teniendo como base exclusiva a la industria ligera, constituía una capa más numerosa y disponía de una relativa fuerza política, la cual se fue debilitando a medida que el país se adentraba en la década de los sesenta.

A esa estructura social urbana correspondía una estructura agraria caracterizada por el binomio empresas capitalistas-latifundios tradicionales, dominados éstos por una clase de grandes propietarios que derivaba de la renta de la tierra una parte importante de sus ingresos. El alto grado de concentración de la propiedad territorial hacía que esa cúspide se expresara en un grupo social estrecho, que descansa sobre una amplia base de trabajadores asalariados y de pequeños productores individuales, apareciendo estos últimos bajo distintas formas, que se reducen básicamente al minifundista y al arrendatario. La subordinación del latifundio tradicional a la economía de mercado llevaba a que las fronteras entre el obrero agrícola y el pequeño productor fueran imprecisas, y que el mismo trabajador las cruzase periódicamente en uno o en otro sentido; las grandes disponibilidades de mano de obra así obtenidas por los dueños de capital conducían a que el aumento de la producción agrícola, inducido por la expansión de la demanda urbana, se lograra mediante el empleo extensivo de la fuerza de trabajo, lo que se traducía en la más despiadada explotación de la población rural. Hacia fines de los años cincuenta, bajo el influjo de la agitación promovida en el nordeste por las Ligas Campesinas, la inmensa realidad de ese Brasil agrario empieza a influir en el desarrollo de las luchas políticas de la ciudad.

Tales luchas habían arreciado ya en la primera mitad de la década, movidas por los intereses de la burguesía industrial, que se enfrentaba a la burguesía agraria en lo referente a las prioridades de inversión —lo que repercutía tanto en el rumbo de la política cambiaria como en las decisiones relativas al gasto público, para dar algunos ejemplos. Simultáneamente, esa misma burguesía industrial se dividía en cuanto a la posición a adoptar frente al capital extranjero, principalmente el norteamericano, que embestía entonces sobre el prometedor campo de inversión representado por el

Brasil. En el marco de esos conflictos, y provocado en cierta medida por ellos, irrumpió, a principios de la década de 1950, el movimiento nacionalista, entusiastamente apoyado por amplios sectores de la pequeña burguesía, el cual se proponía defender la alternativa de un desarrollo capitalista autónomo para el país y llevar a cabo algunas medidas de tipo democrático-burgués que tal desarrollo parecía requerir, principalmente la reforma agraria.

Tras un momento de vacilación, la principal fuerza de izquierda, el Partido Comunista Brasileño, se adhirió al movimiento nacionalista. Definiendo su contenido en términos de una lucha antiimperialista y antifeudal, el PCB le señaló como cauce el camino pacífico, como instrumento las reformas y, como garante, el frente único de la burguesía con la clase obrera. La extremada juventud del proletariado brasileño, el carácter todavía fluido de las contradicciones entre el trabajo y el capital, y las condiciones favorables de la coyuntura económica hicieron de esa política todo un éxito: el PCB penetró fácilmente en los sectores obreros y medios, aumentó su área de influencia y se convirtió, para fines de la década, en una pieza importante del juego político brasileño.

Al decir que la política del PCB constituyó un éxito, la estamos considerando exclusivamente en la perspectiva desde la cual el Partido planteaba su participación en la lucha de clases: su propio fortalecimiento. En efecto, aunque trajo crecimiento y prestigio al Partido, lo encauzó hacia una dirección que no guardaba proporción con los fines inmediatos que él se proponía, ni con los objetivos estratégicos que, en tanto que organización marxista, deberían orientar su acción. La política nacionalista y reformista expresada por la burguesía industrial y respaldada por el PCB fue incapaz de impedir la embestida llevada a cabo por el imperialismo sobre la economía nacional y tampoco logró mejorar las condiciones de vida de las masas rurales. Bien al contrario, fue precisamente en el curso de los años cincuenta que los monopolios extranjeros —mediante los mecanismos de la asociación de capitales, del control financiero y de la subordinación tecnológica— ampliaron y consolidaron su dominación interna, mientras el campo se plegaba definitivamente a la hegemonía del sector capitalista más avanzado, con sede en las ciudades, agravando la explotación de los trabajadores. Con ello, el PCB no sólo contribuyó a agrandar el poderío del gran capital (hecho reflejado en el contenido cada vez más "desarrollista" y cada vez menos nacionalista y reformista de la política económica), sino que neutralizó el aspecto positivo que se derivaba de allí: la mayor concentración de la clase obrera, la cual no pudo traducirse en el surgimiento de una fuerza política independiente ante la burguesía; inversamente, gracias al proceso de domesticación llevado a cabo por la burguesía con apoyo del PCB, el proletariado fue relegado a una posición subordinada, convirtiéndose en una fuerza auxiliar de que se valían algunas fracciones burguesas en su lucha contra las demás.

La política del PCB, aunque aparentara ser un éxito para el Partido, representó en realidad un fracaso si se le enfoca a partir de los intereses de los trabajadores. Se planteaba así una contradicción entre el punto de vista del Partido y el punto de vista de la clase. Las razones profundas de esa contradicción tienen que ver con la naturaleza misma de la concepción teórica y de la práctica política reformista, adoptadas por el PCB.

Señalando como objetivo inmediato la obtención de reformas parciales en el sistema de explotación, mediante las cuales la clase reúne condiciones y acumula fuerzas para, en una segunda etapa, volverse contra el mismo sistema, el reformismo es una caricatura de la estrategia leninista y refleja una concepción irreal del desarrollo capitalista en nuestros países. En efecto, separa mecánicamente dos aspectos de la lucha revolucionaria del proletariado, los cuales están estrechamente vinculados, en el tiempo y en el espacio: la movilización independiente y orgánica de la clase por sus fines socialistas y el aislamiento progresivo del enemigo a combatir –la burguesía– mediante el arrinconamiento, la neutralización o la atracción a la esfera de la política obrera de las clases o capas que contribuyen a la mantención de la dominación burguesa. El elemento central de la estrategia leninista es siempre la formulación y la implementación de una política obrera, de lucha por el socialismo, y el enemigo a combatir, en última instancia, es la burguesía; simultáneamente, y con carácter táctico, esto es, con el fin de reforzar la línea estratégica central, se plantean combates parciales con otras fuerzas que integran el sistema burgués de dominación. Al perder esto de vista, el reformismo trastoca táctica y estrategia, confunde medios y fines, y acaba por poner en práctica una política de colaboración de clases que, al sacrificar la movilización independiente del proletariado, deja a éste sin conducción política, entregado al juego de apetitos que prevalecen en el interior del bloque dominante.

Del mismo modo como separa el momento táctico del tiempo estratégico y los erige en dos etapas sucesivas, esa política distingue mecánicamente las formas de explotación contenidas en el sistema capitalista, rubricándolas de feudales, capitalistas e imperialistas, de acuerdo a la apariencia que revisten. No se preocupa con ello de conocer los nexos reales que esas formas mantienen entre sí ni de determinar qué principio las articula. Muy al contrario, se agarra a la abstracción de un sistema capitalista puro, a un modelo ideal que no encuentra correspondencia en ningún sistema capitalista concreto existente, lo que lleva una vez más al reformismo a distinguir etapas sucesivas en lo que coexiste en un solo tiempo y a desdoblar su plan de lucha en varios tiempos. Entre el equívoco teórico y la desviación práctica se establece pues una simbiosis, cuyo resultado es dejar a los viejos partidos comunistas evolucionando a una distancia cada vez mayor de la línea que demarca el campo de la acción revolucionaria.

Del seno de la lucha de clases y ante el vacío de conducción que afecta a las clases trabajadoras brasileñas va a surgir la fuerza que se propone realizar esa acción –la izquierda revolucionaria. Esta aparece, inicialmente, como una práctica política que, sin salirse todavía del marco institucional, se lleva a cabo fuera del control de la izquierda reformista –como es el caso de las Ligas Campesinas–, o como brotes de contestación ideológica al reformismo, cuyo primer fruto orgánico es la Organización Revolucionaria Marxista –Política Operária (POLOP)–, creada a principios de los años sesenta. Sin relación entre sí, estas dos tendencias se acercan posteriormente, sin llegar empero a fusionarse, al tiempo que, pese a que no se derivan de allí, tienen su desarrollo favorecido por el curso que asume la Revolución cubana. Sus raíces profundas deben buscarse en la dialéctica misma del desarrollo capitalista en Brasil, y su evolución ulterior, en la crisis coyuntural al que éste ingresa a partir de 1962. Los dos fenómenos no son, por lo demás, excluyentes: es la crisis coyuntural la que pone al desnudo la esencia del capitalismo brasileño y permite que se echen las bases de una teoría revolucionaria, que enmarcará el desarrollo de la nueva izquierda.

Acumulación y lucha de clases

Lo que el desarrollo capitalista brasileño exhibe crudamente, en los años sesenta, es el hecho de que se realiza con base a un proceso de acumulación de capital llevado a cabo en condiciones marcadamente monopolísticas de los medios de producción, condiciones éstas agravadas por los efectos que acarrea la incorporación de una tecnología ahorradora de mano de obra, importada de los países capitalistas centrales. Esto provocó una concentración acelerada de la riqueza en el polo capitalista de la sociedad y desempleo, subocupación y pauperismo en el polo que corresponde al factor trabajo, engendrando una situación contradictoria, en la que el crecimiento del excedente económico invertible se acompaña de una retracción relativa de las posibilidades de inversión. La crisis coyuntural de 1962 fue la primera expresión de este proceso; la política económica del régimen militar implantado en 1964, así como este mismo régimen, representó una segunda expresión, aquélla mediante la cual el gran capital trató de someter a su control la lucha de clases desencadenada por esa forma de acumulación.

Para comprender el sentido de la dinámica social brasileña a principios de la década pasada, hay que considerar inicialmente la situación de la burguesía. La diferenciación de los sectores de producción, motivada por el desarrollo de la industria pesada, y la asociación progresiva de los grupos burgueses vinculados a ésta con el capital extranjero, no hicieron sino acusar la estratificación interna de la clase. Hasta entonces, la acumulación capitalista se había basado en la explotación extensiva de la mano de obra, mediante la incorporación de más trabajadores a la producción o la extensión de la jornada de trabajo. El motor de la acumulación era, pues, la plusvalía absoluta[1] y el marco en que se llevaba a cabo era la concentración de capital, con lo que el reparto de la plusvalía total estaba determinado por la dimensión misma del capital invertido, manteniéndose así dentro de límites aceptables para los distintos estratos burgueses.

La introducción de nuevas técnicas de producción, que acompañó al doble fenómeno del surgimiento de la industria pesada y de la penetración masiva de capitales extranjeros, cambió esa situación: incidiendo directamente en la productividad del trabajo, proporcionó una plusvalía extraordinaria a los grupos burgueses que participaron de ese proceso. La consecuencia de esto fue acelerar la concentración del capital en beneficio de estos grupos y en detrimen-

1. Es útil recordar aquí que la producción y acumulación capitalistas tienen, como mecanismo fundamental, la creación de plusvalía y que ésta expresa la diferencia entre el valor producido por el obrero y la parte del mismo que le es devuelta, devolución que toma generalmente la forma de salario. Desde otro punto de vista, la plusvalía corresponde a la parte de la jornada de trabajo en la que el obrero, habiendo producido un valor igual al de los bienes que necesita para su subsistencia (tiempo de trabajo necesario), trabaja gratuitamente para el capitalista (tiempo de trabajo excedente).

Cuando la plusvalía aumenta, se altera la relación entre esos dos tiempos de la jornada de trabajo, es decir, crece la parte del tiempo de trabajo excedente; ese aumento de la plusvalía se dice absoluto cuando implica la extensión de la jornada de trabajo, y relativo cuando, sin que se altere necesariamente la jornada, disminuye allí el tiempo de trabajo necesario. Es posible identificar todavía una modalidad de aumento de la plusvalía, aquella en que ésta se origina de una reducción del salario que no corresponde a una disminución real del tiempo de trabajo necesario. Este caso tiende a ser excepcional en los países capitalistas avanzados, pero reviste un carácter generalizado en países capitalistas atrasados, como el Brasil, donde configura una situación de superexplotación del trabajo. En el texto, exclusivamente para fines de simplificación, se toma la expresión plusvalía absoluta también para designar esta última modalidad.

to de aquellos que debieron seguir utilizando la tecnología tradicional.

Sin embargo, ello no se tradujo de inmediato en fuertes tensiones internas, por dos razones. La primera se debió a que el desarrollo logrado por el gran capital, principal beneficiario de la nueva tecnología, se hizo en una esfera distinta a aquella en que actuaban los capitales medianos y pequeños, ya que se dirigió, como señalamos, a los renglones donde se abrían mayores posibilidades de sustitución de importaciones, y, por tanto, de mercado; al hacerlo, creó nuevas oportunidades de expansión a los capitales de menor porte, como sucedió, por ejemplo, con la industria automotriz, a cuya sombra surgieron empresas de auto-piezas cuya dimensión no sobrepasaba a la media. La segunda razón residió en que, aun cuando el gran capital actuó en la misma esfera que los demás, no trató de desplazar a los capitales de menor capacidad productiva: se limitó a realizar la plusvalía extraordinaria, es decir, aumentó su cuota de ganancia sin amenazar la supervivencia de las empresas más rezagadas; así, por ejemplo, en el sector textil, el abanico salarial existente no variaba significativamente según el tamaño y el grado de tecnificación de las empresas, y tampoco variaban los precios de los productos llevados al mercado.

De esta manera, pese a que la nueva etapa del desarrollo capitalista brasileño se caracterizaba por una acelerada concentración del capital en favor de una reducida fracción de la burguesía, generaba efectos secundarios que permitían a la burguesía en su conjunto aprovecharse de la expansión de allí derivada y enmascaraba así para los demás sectores burgueses la posición desventajosa en que iban quedando. La euforia desarrollista de la segunda mitad de 1950 reflejó esa situación e hizo posible que el enfrentamiento entre las distintas capas burguesas se realizara en un clima de cordial liberalismo. El mismo gobierno que dispensaba con una mano favores al movimiento nacionalista, permitiéndole cristalizarse ideológicamente (a través de instituciones como el Instituto Superior de Estudios Brasileños, creado por Juscelino Kubitschek), abría de par en par, con la otra mano, las puertas de la economía nacional al capital foráneo (al dar plena vigencia a la Instrucción 113, que concedía amplias facilidades y ventajas a las inversiones extranjeras). Por otra parte, una vez que el capitalismo era todavía capaz de crear nuevos campos de inversión, la cuestión de las reformas se mantenía en un segundo plano para la conciencia burguesa, lo que impidió que se tomara al respecto cualquier iniciativa.

Más que secundarios, estos efectos de la concentración de capital eran pasajeros y acabarían por poner a la economía en una encrucijada. En efecto, la concentración no implicaba tan sólo un drenaje de plusvalía hacia aquella fracción de la burguesía que tenía asiento en la industria pesada: implicaba también, como vimos, que esa gran burguesía aumentara sus ganancias sin cambiar el modo de producción que las condiciones técnicas de las empresas más rezagadas establecían; con ello, se bloqueaba la transformación de la plusvalía extraordinaria en plusvalía relativa, única manera de elevar el nivel de la acumulación en su conjunto, y se impedía la misma reproducción ampliada del sistema. Es por lo que, llegado un cierto momento, los distintos mecanismos de reproducción del capital vigentes en el sistema se mostrarían irreconciliables y surgiría la necesidad de homogeneizar las formas de explotación del trabajo en toda la economía.

Ahora bien, la dinámica propia de la industria ligera configuraba una tendencia rigurosamente opuesta. Frente a la mayor capacidad del gran capital para apropiarse tajadas crecientes de la masa total de plusvalía, las capas burguesas inferiores reaccionaban mediante la elevación de la plusvalía absoluta (es decir, intensificando la superexplotación del trabajo); aunque esto beneficiara al gran capital, les proporcionaba a ellas mayores ventajas, puesto que, por el hecho mismo de disponer de una tecnología inferior, empleaban más mano de obra. Así, al tratar de extender al conjunto de la economía su modo de acumulación, el gran capital iría a chocar con la resistencia tenaz de los grupos vinculados a la mediana y a la pequeña empresas.

El conflicto no tardaría en estallar. El comportamiento de estos grupos llevaba a que la industria liviana se mostrara incapaz de crear condiciones dinámicas para la realización de la producción de la industria pesada, lo que se constituyó en un factor limitativo de la expansión de ésta, impidiéndole incluso evolucionar hacia formas de producción más sofisticadas. Copadas sus posibilidades de inversión en este campo, el gran capital se volvió hacia atrás, es decir, fue a buscarlas allí donde el margen de elevación de la plusvalía relativa era todavía amplio –la industria ligera. La dialéctica misma de la acumulación capitalista la llevaba así a pasar, después de una fase acelerada de concentración de capital, a una fase de centralización y a amenazar la posición de las empresas menores, rompiendo la complementariedad de intereses que había prevalecido hasta entonces entre las diversas fracciones de la burguesía.

La coyuntura política registró esa situación de manera aparentemente contradictoria, cuando, después de la euforia desarrollista de la década de 1950 y tras la derrota electoral de las corrientes dirigidas por el reformismo, se constituyó, a principios de 1961, el gobierno encabezado por Janio Quadros. Apoyado por un conjunto heterogéneo de fuerzas, Quadros se encaminó en el sentido de conformar un poder bonapartista, capaz de imponerse como árbitro en la política nacional. Sin embargo, como se verifica siempre en estos casos, la línea central de la acción gubernamental iría a corresponder a los intereses de la gran burguesía en hacer avanzar la centralización del capital, promoviendo simultáneamente la integración definitiva del gran capital nacional al capital extranjero. Por otra parte, el gobierno manifestaría su intención de reformar las estructuras de la economía brasileña, subrayando sin embargo que lo haría sin aceptar cualquier tipo de presión de masas.

La reacción de los grupos burgueses a quienes no convenía esa política se dará a partir de allí. Por un lado, harán su oposición al gobierno con base en los planteamientos nacionalistas, con el fin de dificultar la integración al capital extranjero, y por otro, necesitados del apoyo de las clases populares, tratarán de frenar la afirmación política de Quadros mediante el estímulo a las presiones de las masas en pro de sus reivindicaciones económicas y políticas. La división de las fuerzas burguesas favorecía así al movimiento de masas, el cual adquirirá un dinamismo creciente, que se traduce en el fortalecimiento del reformismo.

Ese fortalecimiento era, sin embargo, engañoso. La manera como las distintas capas burguesas se habían beneficiado de la industrialización implicaba, para las masas trabajadoras y la misma clase media asalariada, desventajas evidentes. Además del deterioro constante de su nivel de vida, contrapartida necesaria de la elevación de la tasa de plusvalía absoluta, su nivel de empleo también se resintió. En efecto, la restricción de las oportunidades de empleo, en las áreas en que el gran capital generalizara el uso de técnicas más sofisticadas de producción, sólo en parte pudo compensarse con la expansión verificada en la pequeña y en la mediana empresas. La misma concentración de capital en favor de las unidades productivas más tecnificadas condujo a que, aun en el período que correspondió a la euforia desarrollista, la fuerza de trabajo fuera arrancada de sus condiciones vegetativas de subsistencia, y viniera a gravitar en cantidades siempre más ponderables en torno al capital, sin que éste le proporcionase oportunidades suficientes de inserción en el aparato de producción. Este fenómeno, que caracterizaba al conjunto de la economía brasileña y que incidía también en el campo, fue responsable de que se produjera, en ese entonces, el aumento vertiginoso de masas sin trabajo o de ocupación ocasional.

El dinamismo febril verificado en la economía industrial, gracias a los frentes de inversión que el desarrollo del gran capital creaba para sí y para las capas capitalistas inferiores, enmascaró entonces la gravedad del fenómeno, una vez que permitía a uno o más miembros de la familia lograr esa inserción. Sin embargo, la estrecha correspondencia entre el desarrollo del gran capital y el proceso de concentración llevó, como señalamos, a que los grupos burgueses más rezagados hicieran jugar con fuerza siempre creciente el mecanismo de la plusvalía absoluta, en lo que fueron imitados por los sectores agrarios. El grado de explotación del trabajo tendió así a intensificarse, principalmente en las zonas rurales, en donde era menor el poder de discusión de los trabajadores.

En el momento en que la concentración del capital llevó a acentuarse el proceso de centralización del mismo, esto no sólo condujo a una mayor presión burguesa sobre las masas en el sentido de aumentar la plusvalía absoluta, sino que, siendo un resultado de la pérdida de dinamismo de la economía, hizo que la restricción a las oportunidades de empleo se extendiera a todos los sectores. Las contradicciones de clase se agudizaron y buscaron una forma de expresión política, hecho visible ya en la campaña electoral de Quadros y en la derrota sufrida por las corrientes reformistas en las elecciones presidenciales de 1960.

La derrota del reformismo evidenció un hecho de gran trascendencia, que habría de acentuarse rápidamente: el de que las masas trabajadoras empezaban a deslindar sus reivindicaciones de los intereses propiamente burgueses y a ganar autonomía de acción. Al contrario de lo que creyó entonces el reformismo, el apoyo popular a la candidatura de Quadros no fue tan sólo el fruto de una confusión provocada por la demagogia de éste, sino un resultado de la búsqueda de expresión política por parte de las masas. En efecto, el acento que pusiera la campaña reformista en el nacionalismo había sido captado por éstas como lo que realmente era: la expresión ideológica del conflicto interburgués, cuya resolución no les abría mayores perspectivas. Carentes de otra alternativa, las masas se volvieron hacia Quadros, quien, respondiendo al apremio del gran capital en el sentido de romper los límites con que chocaba su expansión, enfatizaba la necesidad de las reformas estructurales.

El ascenso de Goulart a la presidencia, con base en una amplia movilización de masas en 1961, tras la renuncia intempestiva de Quadros, revistió la forma de un auge reformista, pero estará signado por una creciente radicalización de las mismas. Con ello, se configuraba una situación en la que los intentos hechos por el reformismo para acaudillarlas en función de planteamientos nacionalistas acaban por tener que plegarse a las reivindicaciones económicas que ellas planteaban. Los sectores de la burguesía que habían apoyado a Goulart, se dieron progresivamente cuenta de esto y empezaron a retirarle su apoyo. Al hacerlo, lo llevaron a depender cada vez más de la dinámica del movimiento de masas. La radicalización de corrientes reformistas, principalmente de las que se identificaron con el liderazgo de Leonel Brizola, acabó por acercarlas cada vez más a la fuerza que buscaba representar sus intereses más legítimos, es decir, a la joven izquierda revolucionaria.

La nueva izquierda

Considerando exclusivamente a las fuerzas que seguirán jugando un papel importante a lo largo de la década de 1960, el espectro de esa izquierda era, al momento del golpe militar de 1964, bastante variado. Además de la POLOP (las Ligas llegaron a organizarse efímeramente en el Movimiento Radical Tiradentes, pero entraron progresivamente en un proceso de desintegración), habría que destacar a la Acción Popular, que agrupaba a los católicos de izquierda; al PC del Brasil, una escisión del PC Brasileño, que adoptara, más por razones de supervivencia que de principios, una posición prochina; y una corriente nacionalista de izquierda, expresada principalmente por Leonel Brizola, ex gobernador de Río Grande do Sul.

La característica general de todas esas tendencias era la de abrir cauces orgánicos a la polarización hacia la izquierda que se producía en el movimiento de masas, principalmente en los sectores de clase media, lo que dio una posición privilegiada en todas ellas a elementos provenientes de la pequeña burguesía, principalmente estudiantes, profesionales y militares. Sin embargo, esa hegemonía pequeñoburguesa no debe oscurecer el hecho de que, en mayor o menor grado, esa izquierda se vinculaba a sectores importantes de campesinos, en el nordeste, y también en el centro-sur; a fracciones de las masas urbanas sin trabajo o de ocupación ocasional, en el centro-oeste; y a las capas subalternas de las fuerzas armadas, como los sargentos y, en grado más significativo, los marinos. Esa base de masa llegaba incluso a la mediana burguesía y aún más –allí donde era menor el control del PCB– a la misma clase obrera.

Se verificaban así, de hecho, las premisas de un amplio movimiento revolucionario, con su propia base de masa y su vanguardia política. Es por lo tanto natural que, al encontrarse ante el hecho consumado del golpe militar, llevado a cabo con notable facilidad, esa vanguardia política y las mismas masas se preguntasen, perplejas, cómo se había producido. La primera respuesta –la crítica a la política del PCB– tenía naturalmente su validez, principalmente por el efecto inhibitorio que dicha política ejerció en la clase obrera. Pero no era suficiente, sobre todo si consideramos que, hasta el momento del golpe, el PCB, por cuestionado y combatido que fuera, se computaba en los cálculos de la izquierda revolucionaria, principalmente como un factor de contención de la derecha. La ligereza con que se presentó al PCB como el único culpable de la derrota tendría efectos sumamente negativos en el desarrollo ulterior de la izquierda revolucionaria, una vez que cerró el camino a una discusión más profunda de sus propios errores.

Una segunda línea de explicación está basada en la división que reinaba entonces entre las filas de la izquierda. En cierta medida, trátase de un hecho real. Sólo vistas en su perspectiva histórica, las corrientes políticas más poderosas, en términos de movilización popular, pueden ser incluidas en el núcleo de la izquierda revolucionaria: en el curso de los sucesos que precedieron al golpe, Brizola se enfrentaba a la desconfianza, por parte de ésta, y el más ligero desplazamiento hacia la izquierda dejaba envueltos en la misma desconfianza a los que quedaban atrás.

Sin embargo, por graves que fueran los problemas que creaba el sectarismo, no hay que exagerar su alcance. En el terreno de la práctica política, esa actitud se desvanecía en una amplia medida, permitiendo que se conformaran los dos grandes bloques en que se dividía entonces la izquierda –el reformista y el revolucionario–; los enfrentamientos intergrupos en el seno del bloque revolucionario, si le restaban eficiencia, no le impedían ejercer su influencia en el curso de los acontecimientos, del mismo modo como el conflicto interbloques no privaba a la izquierda en su conjunto de tener presencia en el plano político. Basta recordar, al respecto, esa expresión de coexistencia pluralista que representó el Frente de Movilización Popular, auténtico parlamento de las izquierdas, así como la acción común que éstas pudieron emprender en circunstancias críticas, como por ejemplo en octubre de 1963, cuando Goulart intentó implantar el estado de sitio.

Las razones del fracaso de la izquierda para enfrentarse con éxito a la coyuntura política han de buscarse, por tanto, a un mayor nivel de profundidad y serán ellas las que nos permitirán comprender por qué no logró contrabalancear el peso del reformismo y enfrentarse con éxito al golpe militar. En último término, esas razones se reducen a su incapacidad para captar la esencia del proceso que estaba viviendo y afirmar allí una estrategia global de acción. En la medida en que visualizaron aspectos parciales de ese proceso, desde perspectivas limitadas, las distintas fuerzas de izquierda tendieron a plantearse antagónicamente en la lucha de clases, sin poder constituir pues el bloque unido que la situación creada en 1964 les exigió.

Señalamos ya que el factor principal que caracteriza a la coyuntura brasileña a principios de la década fue la irrupción del movimiento de masas en la vida política, en la cual reinara hasta entonces soberanamente la burguesía. Ese hecho mismo acarreaba como consecuencia el fortalecimiento del reformismo, es decir, de la tendencia que procura afirmarse en la esfera de la política burguesa con base en la dinámica de las clases explotadas. Pero la recíproca era también verdadera: la aceleración de la dinámica de las masas restaba al reformismo cualquier viabilidad, en tanto que fórmula de solución a los problemas planteados por la lucha de clases, y apuntaba necesariamente hacia una salida revolucionaria. La tarea de la izquierda consistía en facilitar esa transición, proporcionando al movimiento de masas la conducción política necesaria.

Entre los grupos que intentaron entonces crear condiciones para ello, se destaca sin duda la POLOP. Por un lado, realizó una seria labor de formación de cuadros, que benefició ampliamente a la mayoría de las organizaciones que actúan en el presente en Brasil. Por otro lado, su elaboración teórica y la lucha ideológica que libró contra el reformismo ejercieron considerable influencia en las concepciones de la mayoría de esas organizaciones, además de haber contribuido a la ola de escisiones que sufrió el PCB hacia 1967. Si tales razones no bastaran para justificar su estudio, habría otra más, decisiva: al pretender sistematizar un cuerpo de ideas sobre la revolución brasileña, la POLOP acusó mejor que cualquier otra los principales aspectos de la concepción que subyacía a la práctica política de las distintas fuerzas y abrió una tradición teórica que marca profundamente la actual izquierda revolucionaria de Brasil, incluso en sus desviaciones. Los elementos centrales a considerar en este análisis serían básicamente los siguientes: a) la cuestión del carácter de la revolución brasileña; b) la determinación de las clases revolucionarias y sus aliados; y c) la forma que asumiría el proceso revolucionario en las condiciones concretas del país.

En lo referente al primer punto, cupo a la POLOP plantear por primera vez el carácter socialista de la revolución brasileña, iniciando una discusión que permanece todavía encendida en el seno de la izquierda, a través de la actual controversia entre revolución socialista y revolución de liberación nacional. En aquel entonces, el planteamiento de la POLOP se encaminaba directamente a cuestionar la concepción reformista que, al hablar de revolución antiimperialista y antifeudal, le confería necesariamente a la revolución un carácter democrático-burgués. De allí se derivaba la tesis reformista del frente único entre la burguesía y la clase obrera, principal blanco de los ataques de la POLOP,que percibía claramente que, dadas las condiciones de atraso político que primaban en el proletariado, ese frente conducía a la inevitable subordinación de la clase a la política burguesa.

No insistiremos aquí en el ultraizquierdismo de la POLOP, que la llevó, para retirar al reformsimo su principal punto de apoyo, es decir, el concepto de una burguesía nacional antiimperialista y antifeudal, a desconocer los conflictos internos que se estaban produciendo dentro de la clase burguesa. En efecto, si esto le impidió muchas veces a la organización sacar partido de la coyuntura política, representó un error de táctica, más que un error estratégico. Muy pronto, ese concepto sería negado por los sucesos mismos de 1964, y las contradicciones interburguesas, así como los conflictos entre la burguesía y el imperialismo, mostraron ser lo que realmente son: factores secundarios que sólo un movimiento revolucionario maduro puede explotar en beneficio propio.

Más importante para la acción práctica en aquel entonces, y para el desarrollo futuro de la izquierda revolucionaria, fue el hecho de que la POLOP aceptara la concepción generalizada en toda la izquierda respecto a la forma del proceso revolucionario, que privilegiaba a la ciudad en relación al campo y concebía ese proceso como una insurrección de masas dirigida por la clase obrera. La aceptación de esa concepción influenció definitivamente la práctica de la POLOP, en dos sentidos.

En primer lugar, le impidió preocuparse de su propio aparato armado. Desde su punto de vista, la lucha armada se entendió siempre como un levantamiento de masas urbanas, apoyadas por las capas militares inferiores. No preveía la posibilidad de una lucha prolongada, que implicaría necesariamente un aparato militar partidario, capaz de desencadenar acciones de guerrillas urbanas y rurales. Lo máximo a que llegó la organización fue a la previsión de una estructura semiclandestina, que le permitió ser la única fuerza capaz de continuar operando con relativa eficiencia en el período inmediato al golpe militar.

En segundo lugar, ese planteamiento estratégico llevó a la POLOP, en la medida en que se preocupó solamente de penetrar en la clase obrera, a centrar su actuación precisamente en el terreno que le era más desfavorable: el proletariado industrial de las grandes ciudades, en donde eran fuertes las posiciones del PCB. La organización facilitó así su propia neutralización y no supo sacar partido de lo que la experiencia le estaba mostrando, esto es, que progresaba más rápidamente en sectores como el campesinado, los estudiantes y los obreros no organizados, subempleados o cesantes, principalmente cuando estos últimos se ubicaban fuera del eje más industrializado de Río y São Paulo. Sólo en las fuerzas armadas, donde la influencia del PCB se encontraba en declinación o era inexistente, la POLOP obtuvo cierto éxito, aunque debió enfrentarse a la competencia de Brizola.

Sin disponer de aparatos armados y carentes de una base de masa significativa, la POLOP debió escudarse detrás de sus principios, para lograr afirmarse en el seno de la izquierda. Sus relaciones con las otras fuerzas estuvieron, pues, signadas por una gran intransigencia, cercana al dogmatismo e indudablemente sectaria. Con ello, lo que constituía su consigna táctica inmediata –el frente político revolucionario, capaz de contrabalancear el peso del reformismo– se vio seriamente perjudicado.

Los principios políticos que no logran una concreción práctica acaban por dejar de ser una guía para la acción para convertirse en factores inhibitorios. Es por lo que, aunque planteara correctamente la necesidad de un frente de la izquierda revolucionaria, que incluyese a todas las organizaciones y tendencias a la izquierda del PCB, la POLOP sólo en una escala muy limitada contribuyó a su formación. La escasa fuerza política de que disponía dificultó la aplicación de su línea frentista, ya porque reducía el alcance de su influencia, ya porque le producía en la misma organización una sensación de inseguridad. Sin embargo, la principal limitación de la POLOP para favorecer la aglutinación de la izquierda revolucionaria (lo que constituía, sin embargo, la única alternativa de enfrentar las maniobras golpistas de la derecha) se debió principalmente a su incapacidad para profundizar sus aciertos teóricos y convertirlos en una estrategia global de acción, que respondiese a las exigencias de la lucha de clases en lo político y en lo militar.

Al plantear el carácter subordinado del movimiento campesino a la ciudad, la POLOP puso como premisa lo que constituía más bien un resultado. La radicalización de los trabajadores del campo, aunque determinada por la marcha de las contradicciones engendradas por la acumulación de capital en la industria, como bien lo vio la POLOP, era más acentuada que la radicalización de las masas urbanas, por varias razones. Desde luego, era allí donde la explotación del trabajo presentaba características más brutales, dado que la codicia despertada en los terratenientes y empresarios capitalistas por la expansión de la demanda urbana los llevó a arrancar del trabajador asalariado y del pequeño productor un excedente económico sin relación con el aumento real de la producción. La interferencia creciente de intermediarios en el drenaje de esa producción para el mercado urbano tenía su contrapartida en la captación de una parte significativa de la plusvalía por la burguesía mercantil e impulsaba a los terratenientes y empresarios a resacirse de esa pérdida descargándola sobre el campesino. Aun cuando el pequeño productor cedía su producción directamente a los grupos mercantiles, esto no mejoraba su situación, en virtud de la debilidad de su posición frente a éstos.

Las reivindicaciones de la masa campesina, tanto en lo referente a la supresión del pago de la renta, como en lo que hacía a salario y empleo –frecuentemente mezcladas, además, dada la fluidez de las fronteras entre el obrero agrícola y el pequeño productor– se desencadenaban, pues, con singular vigor y se radicalizaban rápidamente. Dicha radicalización resultaba parcialmente de la rigidez de las estructuras de dominación en el campo, que convertían cualquier reivindicación en fuente de violentos conflictos. Pero se debía también a que los trabajadores rurales, a diferencia de los obreros de la ciudad, no habían tenido hasta entonces ninguna participación política, quedando así al margen de la dominación ideológica e institucional que la burguesía había impuesto a la ciudad. El movimiento campesino venía, pues, signado por una gran combatividad, pero prácticamente, sin pasado político. Plantearse de inmediato su alianza con la clase obrera constituía una abstracción, aún más irrealizable cuando se pretendía dirigirlo a partir de las concentraciones obreras de las grandes ciudades. Insistir en esa formulación, como lo hizo la POLOP, era rehuir el trabajo concreto de organización de las masas rurales, el cual, como lo mostraba la experiencia, se realizaba en términos eminentemente locales.

El mismo carácter abstracto de sus planteamientos, que le impidió explotar las potencialidades del movimiento campesino, llevó a la POLOP a quedar al margen del movimiento obrero. Señalamos ya que la organización eligió como campo de batalla precisamente el terreno que el PCB, junto con la maquinaria gubernamental, había logrado ocupar. La obstrucción que el reformismo hacía a su penetración en el movimiento obrero podía ser, sin embargo, flanqueada de dos maneras: mediante el trabajo político en las capas más bajas del proletariado, como los trabajadores de la pequeña industria y las masas urbanas sin trabajo o de ocupación ocasional, en los grandes centros, y a través de la movilización de los trabajadores de las zonas industriales periféricas, sobre todo el nordeste y el extremo sur.

La subestimación de la población subempleada o desocupada representó una equivocación imperdonable. Su confusión se debe en lo esencial al propósito deliberado de la ideología burguesa para presentar a esa parte del proletariado como una "masa marginal", que estaría "cercando" las ciudades en búsqueda de su "integración" al sistema. Las comillas se justifican, si consideramos que esa masa nace del movimiento propio a la acumulación de capital, en un sistema que exsuda desocupación por todos sus poros, y sigue estrechamente vinculada al mismo. No hace falta recurrir a argumentos de orden teórico para desmistificar ese engendro de la ideología burguesa: la simple constatación empírica nos muestra que una porción significativa de esa masa está constituida por obreros no calificados, que trabajan en la construcción y en la pequeña empresa, o constituyen un ejército de reserva para éstas, y que otra parte importante se destina a la prestación de servicios mal remunerados, principalmente de carácter doméstico. Es cierto que el grado de miseria material y moral que allí prevalece la hace más propensa que cualquier otra capa de la población a pasarse al lumpenproletariado; pero no es menos cierto que lo que aparece como delincuencia o vicio es la manifestación de la violencia y de la desesperación, y la pone, por ello mismo, en la antesala de la revolución.

El otro flanco, quizá el más decisivo, que la clase obrera abría a la penetración de la izquierda revolucionaria estaba constituido, como dijimos, por los trabajadores industriales de los centros periféricos, tanto desde el punto de vista geográfico como del económico. Insertos en subsistemas de producción, sometidos a un constante drenaje de plusvalía en beneficio del complejo industrial de Río de Janeiro y São Paulo, los obreros de esos centros eran objeto de una explotación más fuerte, al propio tiempo que sufrían en menor grado la incidencia de los controles burocráticos del gobierno y del PCB. Ofrecían así una mayor permeabilidad a la influencia de la izquierda revolucionaria, pero su importancia iba más allá de esto: dado el carácter local del trabajo campesino, y el hecho de que éste se realizara en general a partir de los centros urbanos más próximos, los obreros de esas zonas tendían a ser el instrumento natural para concretizar la unidad obrero-campesina; era particularmente el caso del nordeste y, en cierta medida, de Minas Gerais y del centro-oeste. Por otra parte, representaban un factor de importancia decisiva en el marco de una correcta estrategia militar para la revolución brasileña, como pasaba sobre todo con la región sur.

Para comprender este último aserto, es útil tener presente que el proceso brasileño presentó rasgos que lo acercaron a la concepción insurreccional de la POLOP, tales como la creciente movilización obrera y las rebeliones militares, llegando –en el levantamiento de los marinos, en marzo de 1964– a una confraternización entre trabajadores y militares que permitió a la prensa burguesa evocar el fantasma de los soviets. Sin embargo, se estaba lejos de contar con verdaderos soviets y las semejanzas que el Brasil de entonces haya presentado con la Rusia de 1917 eran más aparentes que reales. Haciendo a un lado incontables diferencias, la especificidad brasileña descansaba en este elemento esencial: el proletariado industrial de la zona más desarrollada –el triángulo Río-São Paulo-Minas– no sólo continuaba controlado por los reformistas, sino que había sido cercado por un dispositivo militar y civil cuidadosamente preparado por los sectores que preparaban el golpe militar. Estos tuvieron fuertes razones para hacerlo.

Condicionadas como están por las estructuras económicas y sociales, las crisis políticas suelen repetir su configuración general, hasta que cambia la base objetiva que las determina. Con ocasión de la renuncia de Janio Quadros, en 1961, las fuerzas armadas habían ensayado un golpe de Estado para impedir la toma de posesión de Goulart en la presidencia, golpe que se había visto frustrado por el levantamiento que encabezara Brizola, con el apoyo de parte del ejército, en el extremo sur, y por la debilidad de las posiciones golpistas en el triángulo central. 1961 pudo haber sido el 1905 de la revolución brasileña, pero fue la burguesía quien lo aprovechó. En abril de 1964, los militares se apoyaron firmemente en el triángulo central, contando con la solidaridad activa de los gobiernos estatales, y se dispusieron a enfrentar la resistencia del sur.

El éxito de la maniobra mostró de inmediato que era efectivamente del sur de donde se podía partir para la deflagración de la guerra civil en el país y todas las atenciones se volcaron hacia aquella dirección. Fue cuando se evidenció la debilidad del planteamiento estratégico de la izquierda: no habiendo explotado las posibilidades revolucionarias del sur, la iniciativa quedó, ya ni siquiera en las manos de Brizola, sino en las de Goulart, el único que –dado el grado de conciencia de las masas– podría haber reivindicado la legalidad constitucional para deslegitimar el golpe de Estado. Goulart no lo hizo y el golpe triunfó.

Los militares no tenían todavía un mes en el poder cuando se inició el vuelco estratégico de la izquierda revolucionaria. Una vez más, cupo a la POLOP adelantarse a los acontecimientos que marcarían la dinámica de la izquierda en los años siguientes. En un documento emitido por su dirección nacional, a fines de abril, la organización planteaba la guerra de guerrillas como el camino a seguir después del cambio político verificado, al tiempo que volcaba sus recursos para instalar en el país el primer foco guerrillero. La izquierda revolucionaria brasileña había entrado en una nueva etapa.

Hacia la lucha armada

La reconversión de la estrategia de las organizaciones de la izquierda revolucionaria a la guerra de guerrillas y el prestigio que ésta adquirió a los ojos de las bases radicalizadas del PCB fue algo por demás rápido para que implicara una real maduración política y una revisión efectiva de los planteamientos teóricos que se habían manejado hasta entonces. En una amplia medida, el vuelco que se verifica entonces representa más bien un movimiento de autodefensa: enfrentada a la dictadura abierta del gran capital nacional y extranjero, insegura de su propia fuerza, desmoralizada ante el proletariado y, al mismo tiempo, decepcionada porque éste, pese a la falta de conducción política, no había reaccionado contra el golpe de Estado, la izquierda revolucionaria descargó la total responsabilidad de los acontecimientos sobre el reformismo, en particular sobre la dirección del PCB, y se protegió detrás del escudo de la lucha armada. Hizo jugar así el mismo principismo que la POLOP utilizara antes. En último término, era la desconexión con el movimiento de masas y las nuevas dificultades que la represión gubernamental creara para superarla, lo que llevó a la izquierda revolucionaria a renunciar al trabajo inmediato de organización de la resistencia obrera y campesina contra la política de superexplotación que el gobierno aplicaba, y a tomar al foco guerrillero como tarea política central.

Dijimos que ello no implicó una revisión radical de sus bases teóricas. En efecto, el terreno se encontraba ya preparado, por la manera como la POLOP utilizara a la Revolución cubana contra el reformismo, esforzándose simultáneamente por legitimar su propia concepción insurreccional. La Revolución cubana se presentó, en esa perspectiva, como un proceso en el que el foco guerrillero aparecía como un catalizador del movimiento urbano de masas, y se coronaba con la insurrección obrera expresada en la huelga general. Una vez que el objetivo del foco era el proletariado industrial, y no el campesinado, éste se ubicaba en el esquema general como simple zona social de inserción de la guerrilla; de esta manera, tanto se subestimaba la dinámica propia al movimiento campesino, como se ponía poco énfasis en la lógica interna de la guerra de guerrillas, entendida como una forma de guerra civil revolucionaria y, por lo tanto, como manifestación superior de la lucha de clases. Al contrario, el foco guerrillero se tomaba como un elemento ejemplar para el movimiento de masas y, en la visión particular de la POLOP, un factor de cohesión de las vanguardias revolucionarias dispersas.

Era natural, por tanto, que la preparación del foco guerrillero asumiera el carácter de una empresa eminentemente técnica. Para enfrentarla, la izquierda revolucionaria, al no haber desarrollado sus propios aparatos armados, dependería de los cuadros formados en el interior del aparato militar del Estado, y se encontraría en este sentido con una cierta disponibilidad, en virtud de la depuración a que el gobierno sometía dicho aparato. La ventaja inicial de la POLOP, hasta 1965, consistió precisamente en que pudo contar con esos cuadros, lo que le dio un margen de superioridad sobre las demás organizaciones. Éstas no tardarían, sin embargo, en entrar en la competencia, la cual resultó finalmente favorable a la corriente nacionalista revolucionaria, de inspiración brizolista.

El Movimiento Nacional Revolucionario, en el que se organizaron los grupos brizolistas, se crea en 1966 y estaba constituido esencialmente por ex militares, principalmente sargentos y marinos, expulsados de las fuerzas armadas después del golpe de Estado, así como por elementos civiles de clase media, por lo general profesionales y estudiantes. Casi toda la izquierda revolucionaria y aun sectores enteros del PCB lo apoyaron inmediatamente. Su objetivo central y, podría decirse con muy poca exageración, su plataforma política se cifraban en la instalación del foco guerrillero, destinado a iniciar la lucha armada en contra del régimen. La tesis difundida por la POLOP, en el sentido de que el foco guerrillero debería actuar en el corazón mismo de la economía industrial brasileña a fin de cumplir mejor su papel de catalizador del movimiento de masas urbanas, y los estudios exploratorios hechos por esa organización, llevaron a que la zona elegida fuera la sierra de Caparaó, ubicada en la zona limítrofe entre los estados de Río de Janeiro y Espíritu Santo.

La guerrilla de Caparaó obtuvo gran publicidad a mediados de 1967, cuando, detectada prematuramente por los servicios de la represión, fue cercada por las fuerzas armadas y se rindió sin combatir. La insuficiente preparación de los participantes, el carácter inhóspito de la región, la falta de disciplina y organización, la ausencia de apoyo logístico y de trabajo político en la zona fueron algunos de los factores señalados para el fracaso de la empresa del MNR. De allí derivaron algunas consecuencias importantes. La primera de ellas es que el fracaso de Caparao se atribuyó en una amplia medida a la influencia que los antiguos sectores populistas habían tenido en la experiencia; dada la asociación que se hacía entre populismo y burguesía nacional, esto jugó desfavorablemente con relación al reformismo, pese a que el PCB en tanto que partido no se había comprometido con la tentativa de Caparaó. Por otra parte, dicho fracaso debilitó enormemente al MNR y lo redujo a su núcleo más combativo, básicamente los cuadros militares. Todo ello contribuyó a reforzar la posición de las organizaciones revolucionarias dentro de la izquierda, que el desarrollo del movimiento brizolista había debilitado considerablemente.

Este reforzamiento se vio acentuado por la visible declinación del PCB en los frentes de masa. Conviene tener presente que, después de 1964, preocupada con el desencadenamiento de la lucha armada, la izquierda revolucionaria no asumió, sino lateralmente, su responsabilidad en la reorganización y en la conducción del movimiento de masas. Sin embargo, desarrollándose en estrecha conexión con el movimiento estudiantil, que ha sido tradicionalmente su principal fuente de reclutamiento, pudo aprovecharse de las condiciones relativamente favorables que primaban en él, dado el carácter menos intenso que allí asumía la represión gubernamental. De todos los sectores del movimiento de masas, el frente estudiantil fue el que, tras el golpe militar, presentó un mayor dinamismo y registró más agudamente la declinación del reformismo, en favor de las tendencias expresadas por la AP y la POLOP.

Una circunstancia excepcional estimuló el desarrollo del movimiento estudiantil. La política económica del régimen militar, desde un principio se orientó abiertamente en el sentido de afianzar la posición del gran capital nacional y extranjero, que era particularmente fuerte, como vimos, en la industria de bienes de consumo durable y de producción En el esquema ideado por el equipo tecnocrático-militar del mariscal Castelo Branco, el problema de la realización de la producción de estos sectores, en las condiciones de debilidad que afectaban a la industria de bienes de consumo, se resolvería mediante la exportación y las compras del Estado, siendo que esta segunda orientación llevó al gobierno a estimular la reconversión de la industria pesada hacia la producción bélica. El resultado de ese modelo subimperialista de desarrollo era el estrangulamiento de la pequeña y de la mediana empresa, así como la aplicación a la clase media asalariada de las duras condiciones de salario impuestas al proletariado.

La reacción de las capas más bajas de la burguesía, aliadas a la clase media, provocó el remplazo de Castelo Branco por el mariscal Costa e Silva, en enero de 1967. La ulterior recuperación económica dio a esos sectores mayor impulso y les hizo creer que había llegado la hora de superar lo que consideraban un régimen de emergencia, hecho para un período de crisis, en favor de las instituciones previas a 1964, que les aseguraban una participación más efectiva en el poder político. Disponiendo de importantes órganos de prensa, de asientos en el Congreso y en el judiciario, de puestos e influencias en el aparato burocrático y militar del Estado, dichos sectores, apoyados por el PCB, siguieron presionando al nuevo gobierno en el sentido de proceder a la redemocratización del país. Las fisuras que este proceso abrió en las estructuras monolíticas de poder que Castelo Branco tratara de implantar favoreció ampliamente el ascenso del movimiento de masas. En particular, benefició al movimiento estudiantil que, aunque se hubiera reorganizado bajo la égida de la izquierda revolucionaria (principalmente la AP, sectores disidentes de la juventud del PCB y la POLOP), constituía, por su mismo origen de clase, una proyección de las clases medias.

A la desmoralización del reformismo y al ascenso del movimiento de masas, que enmarcan el desarrollo de la izquierda revolucionaria en 1967, viene a agregarse un tercer factor, de orden internacional: el impacto de la obra de Régis Debray, que la Casa de las Américas divulga a principios del año, y la conferencia de la Organización Latinoamericana de Solidaridad (OLAS). La esquematización de la experiencia cubana y su generalización a América Latina, así como el aliento a aplicar su ejemplo, llegaban a las organizaciones revolucionarias en el momento en que, reforzadas por la plétora de cuadros que les había proporcionado la quiebra del MNR y la radicalización de la juventud universitaria, y enfrentadas a una realidad social en efervescencia, debían asumir la responsabilidad de abrir a las masas una alternativa política al reformismo. A fines de 1967, tienen lugar en São Paulo las primeras acciones armadas.

El gran viraje

El año de 1968 se caracteriza en Brasil por una violenta eclosión de las fuerzas sociales, que, contenidas por la represión gubernamental, habían empezado a repuntar a fines del período de Castelo Branco y mantuvieron una tendencia ascendente a lo largo de 1967. Desde las esferas burguesas, en donde la oposición al gobierno militar se delineaba cada vez más nítidamente, hasta las grandes manifestaciones estudiantiles y la movilización de sectores de vanguardia de la clase obrera, la vida política ostenta un gran dinamismo. Entre los puntos altos del proceso, habría que mencionar, en el mes de abril, los sangrientos choques entre estudiantes y las fuerzas represivas, en todo el país, así como la huelga metalúrgica de Minas Gerais, que se prolonga por más de una semana; el "Primero de Mayo rojo", cuando la masa reunida en la plaza central de São Paulo, donde debería tener lugar un acto oficial, expulsa a pedradas de la tribuna a los representantes gubernamentales y promueve su propio mitin; la "marcha de los cien mil", manifestación multitudinaria en Río de Janeiro, en el mes de julio, que confiere al dirigente estudiantil carioca, Vladimir Palmeira, una dimensión de líder político nacional; la huelga de los metalúrgicos de Osasco, en la zona industrial de São Paulo, también en julio, en la que los obreros llegan a la ocupación de fábricas; y la segunda huelga metalúrgica de Minas Gerais, en octubre, en la que participa toda la masa trabajadora de ese sector en aquel estado y que coincide con la huelga general de los empleados bancarios de Belo Horizonte.

Pero 1968 fue algo más que el resurgimiento del movimiento de masas; fue sobre todo la aparición de un movimiento de masas cualitativamente distinto, en la medida en que, expresando el desencanto de la pequeña burguesía con el régimen militar, se desarrollaba totalmente fuera de los marcos reformistas y se encontraba incluso más próximo de la vanguardia revolucionaria. Los cambios verificados en la izquierda, a partir del último trimestre de 1967, habían creado las condiciones para ello, al tiempo que traducían la conmoción que se verificaba en su soporte social: paralelamente a la liquidación de la base orgánica del reformismo en el seno de las masas, la izquierda revolucionaria pasó por una intensa transformación, que hizo estallar la vieja estructura heredada del período anterior a 1964. La principal consecuencia de esa transformación fue que la izquierda entró a participar de las luchas políticas en una situación organizativa más bien caótica, que no le permitió proporcionar al movimiento de masas un centro de gravedad capaz de llenar el vacío dejado por el PCB.

Así pasó con la POLOP, que se escindió en tres partes, de las cuales una conservó por poco tiempo la antigua sigla, hasta fusionarse con sectores rebeldes del PCB, formando el Partido Obrero Comunista (POC), que reivindicaba la línea de la vieja organización, aunque acentuando sus aspectos obreristas; otra, la escisión de São Paulo, se fusionaría rápidamente con los remanentes del MNR, dando lugar a la Vanguardia Popular Revolucionaria (VPR), una de las organizaciones político-militares más activas e influyentes del período subsecuente; y la tercera, la escisión de Minas Gerais, que comprendía además a elementos de Río de Janeiro, constituiría el Comando de Liberación Nacional (COLINA), de carácter también político-militar.

Dado su peso numérico y su importancia política, la desintegración del PCB asumió características aún más acentuadas. De allí se originaría, teniendo como epicentro al Comité Universitario de São Paulo, la organización de corte eminentemente político-militar que encabezó Carlos Marighella, y que tomaría algún tiempo después la denominación de Acción de Liberación Nacional (ALN). Una segunda organización nacida de ese proceso fue el Partido Comunista Brasileño Revolucionario (PCBR), encabezado por las fracciones rebeldes de Río de Janeiro, que seguían a Mario Alves y Jacob Gorender, miembros del Comité Central, y que intentó poner de pie una línea revolucionaria de trabajo de masas. Finalmente, habría que mencionar el importante fenómeno de las disidencias comunistas, que agrupaban a nivel estadual y en forma floja a las bases juveniles del Partido, de las cuales las más importantes fueron la DI de São Paulo, que proyectó el dirigente más popular del movimiento estudiantil paulista, José Dirceu, y la DI de

Guanabara (Río de Janeiro), a la que pertenecía Vladimir Palmeira. El viejo PCB, privado de bases y reducido a sus elementos de derecha, que se reagruparon alrededor del antiguo secretario general, Luis Carlos Prestes, quedó convertido en un cascarón vacío y se desplazó aún más hacia la órbita de la política burguesa, a través de su integración al llamado "Frente Amplio".

Beneficiándose inicialmente de la quiebra del PCB, el PC del Brasil no tardaría en verse afectado también por la tendencia renovadora. El Ala Roja, que se constituye allí con carácter fraccional, acaba por separarse, acusando al principal representante del maoísmo brasileño de interpretar las tesis chinas sobre la burguesía nacional de manera tan equivocada que lo llevaba a tener una línea política francamente reformista. Mientras tanto, la ola renovadora trascendía al ámbito marxista y llegaba a la AP, donde asume una configuración específica, manifestándose como el tránsito desde el existencialismo cristiano que la caracterizara hacia un marxismo de corte chino, como suele suceder con las organizaciones de la izquierda católica que se radicalizan. Posteriormente tiene lugar allí la escisión de un sector leninista que dio lugar, juntamente con elementos provenientes del PCB, al Partido Revolucionario de los Trabajadores (PRT).

El cuadro que llega a presentar la izquierda brasileña es aún más complejo que el que se esboza aquí. Su rasgo dominante es la multiplicidad de organizaciones y el trasvasamiento constante de cuadros, sin que la variedad ideológica presentase la misma riqueza. Las diferencias entre los distintos grupos, cuando se los considera en las tendencias en que se inscribían, eran más bien de matices, y sólo se acusaban claramente cuando se referían a problemas operacionales y organizativos.

Sin embargo, no habría que menospreciar esas diferencias. Enfrentada a un ascenso del movimiento de masas, que se desarrollaba fuera de la esfera de influencia del PCB, la izquierda revolucionaria se veía llamada a asumir la responsabilidad de su liderazgo. La ola de escisiones se explica en una amplia medida por las divergencias que se presentaron dentro de las organizaciones existentes en cuanto a la manera de enfrentarse al problema de la movilización de masas, es decir, en cuanto a los métodos de acción mediante los cuales la izquierda podría marcar su presencia junto a las masas e imprimirles el sello de su conducción. En la medida en que representa la mediación entre la línea teórica y la práctica política, el problema de la organización tenía necesariamente que presentarse.

Ello es particularmente claro en las organizaciones de tipo político-militar, como la VPR, la ALN y el COLINA. No cabe duda que fueron esas organizaciones, que pregonaban su desprecio por los "teóricos" y que ponían en primer plano las cuestiones prácticas de la lucha armada, las que más innovaciones trajeron a la izquierda brasileña, en lo referente a formas de organización. Para hacerlo, tuvieron que atacar la ortodoxia que en esa materia defendían tanto el PCB como el PC del Brasil y la POLOP, y que la AP, por su falta de tradición marxista, no llegaba a cuestionar.

La gran herejía organizativa se debió a Marighella. Reaccionando contra el monolitismo del viejo PCB e impresionado por las tesis de Debray en contra del partido como estructura válida para la lucha armada en América Latina, Marighella opta por una organización extremadamente flexible, una verdadera federación de grupos. Aunque la práctica lo haya forzado a evolucionar después en el sentido de fortalecer los nexos orgánicos, él nunca abandonó su concepción de que la organización estaría formada por grupos operativos autónomos, vinculados exclusivamente a la coordinación central e independiente del movimiento de masas. El criterio de integración de esos grupos era su propia práctica armada, lo que minimizaba todo lo referente a la discusión ideológica.

La concepción de Marighella era, en realidad, fruto de un agudo olfato político. Intuyendo que la gran debilidad de la izquierda revolucionaria era su fraccionamiento y que todo intento de afirmar en aquel momento una línea política definida equivalía a acusar el particularismo de quien lo hacía, trató de constituirse en un centro de aglutinación, rehusando poner a la discusión política como fundamento de la organización. Por otra otra parte, ya con el propósito de captar a los cuadros más combativos de la izquierda, cuya disposición de lucha no aceptaba cortapisas, ya por ser ésta su idea del papel que debía cumplir la vanguardia revolucionaria, adoptó como táctica el enfrentamiento directo con el régimen.

El marighellismo constituyó sin duda la expresión más acabada de la manera como amplios sectores de la izquierda encararon el avance del movimiento de masas. 1964 dejará ya la idea de que, si hubiesen contado con una conducción decidida, las masas se habrían opuesto al golpe de Estado. En 1968, las organizaciones político-militares no querían repetir lo que consideraban el error de 1964; las masas habían despertado y el papel de la vanguardia era señalarles certeramente el enemigo a golpear: las fuerzas armadas. El régimen militar era tomado como un cuerpo extraño a la realidad social brasileña, un engendro del imperialismo que el pueblo debía expeler de la misma manera como se estaba haciendo en Vietnam con las tropas invasoras norteamericanas.

Ello explica que, pese a su tesis de la guerra prolongada, la izquierda brasileña no se haya preocupado de disponer de bases sólidas en la ciudad y en el campo antes de asestar golpes al régimen y que, en vez de preparar la guerra, se limitara a dar el ejemplo del combate en una lucha que consideraba ya iniciada. El uso amplio que se hizo entonces de la terminología militar y la adopción de los esquemas estratégicos establecidos por los teóricos de la guerra revolucionaria reflejaron una cierta visión del proceso brasileño, que los hechos sólo en parte confirmaron.

Esa confirmación se dio sobre todo en la caja de resonancia propia a la izquierda revolucionaria: el movimiento estudiantil. El prestigio ganado allí por las organizaciones político-militares no sólo impulsó al estudiantado a desarrollar nuevas formas de lucha en el enfrentamiento callejero con la represión, sino que engrosó los contingentes de las mismas organizaciones. La penetración en el movimiento obrero fue mucho menos sensible, pero los sectores más combativos de la clase, y por lo tanto los que hicieron notar más su presencia, se dejaban claramente sensibilizar por las organizaciones político-militares. El carácter naturalmente violento de los conflictos en el campo, jugaba a su vez en favor de los que veían en marcha el proceso de la guerra revolucionaria. Se estableció así una simbiosis entre el clima general de radicalización política y la práctica de lucha armada de las organizaciones político-militares, en el marco de la cual los dos fenómenos se influenciaban por capilaridad pero seguían un curso paralelo.

Enfrentadas al dinamismo vibrante de los grupos político-militares, las demás organizaciones tuvieron poca capacidad de respuesta. Partidarias ellas mismas de la lucha armada y sensibilizadas también por el ascenso de masas, centraron sus críticas en lo que consideraban métodos militaristas y crearon una dicotomía más bien peligrosa entre las acciones armadas y el trabajo de masas. Su desventaja era evidente, en la medida en que no tenían que ofrecer sino los métodos tradicionales y cuasi artesanales de trabajo de masa, totalmente inadecuados a la fase de acelerada radicalización política que se vivía. Fueron los grupos político-militares los que conservaron, pues, la iniciativa, llevando a que, ante la urgencia de conducción política que el curso ascendente del movimiento de masas planteaba, la izquierda se limitase a intensificar el ritmo de su propia práctica de lucha armada.

El militarismo de izquierda

Los sucesos de 1968 sacudieron fuertemente los cimientos de la dominación de los militares. Bajo el liderazgo de la pequeña burguesía, que el movimiento estudiantil había movilizado y que multiplicaba sus iniciativas contra el régimen, gracias sobre todo a las posiciones que ocupaba en los partidos políticos, en el Congreso, y en los medios de comunicación, así como en los círculos intelectuales y artísticos, los sectores de la burguesía descontentos con la política económica pasaron a presionar al gobierno para lograr una mayor liberalización política, procuraron obtener el apoyo norteamericano, confiando en el interés de Estados Unidos en debilitar al monolítico interlocutor militar, y entraron a maniobrar en los cuarteles. El malestar que cundía en la baja oficialidad empezó a ser azuzado por las distintas fuerzas opositoras, quienes esperaban hacer jugar en beneficio propio las fisuras que se acusaban en el dispositivo de sustentación del gobierno.

El golpe militar del 13 de diciembre puso en evidencia el verdadero carácter de las contradicciones que se desarrollaban en las fuerzas armadas. La insatisfacción de la oficialidad joven, con la que tanto había especulado la oposición burguesa, se orientaba en efecto contra la debilidad del gobierno y exigía un reforzamiento de la política de mano dura sobre los sectores civiles. El Acta institucional número 5, decretada por el gobierno a raíz de los conflictos suscitados con la Suprema Corte y el Congreso, confería al mariscal-presidente poderes discrecionales, concentrando en sus manos todas las facultades de decisión política y llegando incluso a retirar a la Suprema Corte la prerrogativa de juzgar la constitucionalidad de los actos gubernamentales.

Autonomizándose de la clase que representa para mejor servirla, el régimen militar centró inicialmente su poder de fuego sobre los sectores rebeldes de la burguesía. El documento titulado *Contra-Revolución,* emitido por la oficina de la Presidencia de la República el 19 de diciembre, con el fin de justificar las medidas de excepción adoptadas por los que las fuerzas armadas llaman la "Revolución", decía explícitamente, después de presentar su versión de los hechos acaecidos en 1968, que éstos "demuestran, más allá de toda duda, en las proporciones y dimensiones evidenciadas, que el movimiento de falsos estudiantes, de muchos políticos activos, de personas privadas de sus derechos [políticos], del clero autodenominado progresista y de parte de algunos de los responsables de los medios de difusión, estaba dirigido exclusivamente a subvertir el orden interno, lo cual configuraba una contrarrevolución en marcha". Se hacía igualmente referencia al terrorismo, añadiéndose que "la subversión puesta en marcha en Brasil" se hallaba "dentro de la línea recomendada por la conferencia de solidaridad latinoamericana llevada a cabo en La Habana en 1967, sobre la lucha armada como único camino para conquistar el poder".

La confusión que se establecía entre la oposición burguesa y la acción de la izquierda revolucionaria era deliberada, una vez que permitía al régimen ejercer sobre la burguesía una represión sin precedentes en el país. Un gran número de políticos e intelectuales quedaron con sus derechos políticos suspendidos, otros fueron encarcelados, algunos tuvieron sus bienes confiscados. El Congreso fue disuelto, la Suprema Corte y las universidades expurgadas, la prensa censurada, al tiempo que los principales diarios de la oposición cayeron bajo la férula del gobierno; la Iglesia pasó a ser objeto de creciente hostilidad. Simultáneamente, se intensificó la represión que ya se ejercía contra las organizaciones revolucionarias, llegándose a un grado extremo de violencia y crueldad.

El golpe de Estado de 1968 tiene varias implicaciones. Por un lado, representa la sumisión forzosa y definitiva de las capas inferiores de la burguesía a la dictadura del gran capital, implantada en 1964. Privadas de expresión política y aterrorizadas por la reacción que sus intentos de rebeldía habían desencadenado, esas fracciones burguesas renunciaron a la pretensión de pugnar por sus intereses específicos y se acurrucaron temerosas junto a la bota que las había castigado. A partir de entonces, las divergencias interburguesas pasan a tener un alcance limitado en la vida política nacional.

Por otro lado, el golpe lleva a cabo la supresión de los restos del aparato institucional previo a 1968, que había sufrido ya profundas modificaciones en los cuatro años anteriores. Las instituciones que sobreviven al sablazo de 1968, y que podrían hacer pensar en una república parlamentaria burguesa, tales como los partidos políticos, el Congreso, las cortes de justicia, constituyen meras apariencias, cuyo contenido real es el de coadyuvar al ejercicio del poder militar. El verdadero nervio político del país pasa a ser definitivamente el ejército y será en los cuarteles donde se decidirán en adelante los destinos del capitalismo brasileño.

La tercera implicación del golpe de 1968 es la aplicación hasta las últimas consecuencias de la doctrina de la guerra antisubversiva, que había inspirado la acción de los militares desde 1964. Siguiendo los postulados de los teóricos franceses y norteamericanos de la guerra revolucionaria, el gobierno brasileño se dará como tarea la eliminación física del movimiento revolucionario, sin preocuparse del impacto de sus medidas sobre la opinión pública nacional e internacional y del aislamiento que ello le pudiese acarrear. La brutalidad de la represión policial-militar en Brasil, las detenciones en masa, la aplicación indiscriminada de la tortura, los asesinatos y los campos de concentración para los presos políticos se derivan directamente de los métodos utilizados por el ejército francés en Argelia y por el norteamericano en Vietnam. La novedad del caso brasileño consiste en que dichos métodos no son el fruto de la ocupación extranjera, ni siquiera de la dominación de una minoría étnica, como en África del Sur, sino que los utiliza el mismo gobierno nacional. El mejor parangón para el Brasil actual sería, en este sentido, la Alemania nazi.

Las organizaciones revolucionarias han debido enfrentarse a un grado de represión que supera ampliamente al que habían sufrido antes de 1968. Peor aún, lo han hecho en condiciones en que el movimiento de masas entraba en una fase de reflujo, retirándoles la base con que habían contado y amenazando con dejarlas sin periferia, es decir, totalmente a descubierto ante las acciones de aniquilamiento emprendidas por el gobierno. Disponían de una sola ventaja táctica: la urgencia de éste por lograr rápidos resultados. En la llamada guerra antisubversiva, la fase de aniquilamiento tiene que ser necesariamente corta y coronada de éxito, para permitir al enemigo pasar a la etapa de conquista de bases sociales, en las condiciones que su eventual victoria le permita dictar. En el Brasil pos-1968, la izquierda no se preocupó por rehuir la acción del gobierno para frustrar su campaña de aniquilamiento, sino cuando ésta ya le había costado muy caro. La actitud de la izquierda se debió a razones que tenían que ver tanto con su situación interna como con factores objetivos que empezaron entonces a actuar.

Cuando se produjo el golpe de 1964, la izquierda revolucionaria encaró los acontecimientos como un accidente de la lucha de clases, cuya principal responsabilidad cabía al reformismo, y se limitó a izquierdizar aún más sus planteamientos. En 1968, el movimiento de masas, si no bajo la conducción de la izquierda revolucionaria, por lo menos más sensible a su conducción que a cualquier otra, sufrió una derrota aún más terrible si se considera lo difícil que le fue rearticularse y su gran independencia en relación con la política burguesa. Sin embargo, al no poder tomar como responsable de esa derrota al reformismo, la izquierda le atribuyó el carácter de una fatalidad de la lucha de clases, es decir, lo encaró como si fuera el producto necesario e inevitable de los movimientos de masas en la situación creada por el régimen militar. Esto influiría seriamente en su actuación ulterior.

Es de hecho a partir de 1969 que el fenómeno del militarismo de izquierda gana toda su dimensión. Sin poder contar con el factor político que la movilización de masas introducía en la vida nacional, las organizaciones político-militares plantean sus acciones armadas no ya como estimulante y ejemplo para las masas, sino como destrucción directa de las bases de sustentación del poder militar. La caracterización del período en términos de guerra revolucionaria se generaliza, y allí la izquierda aparece simultáneamente como destacamento de vanguardia y como cuerpo de ejército. Las dificultades para mantener esa situación y la imposibilidad de levantar a corto plazo el movimiento de masas harán incluso emerger tesis como la relativa a las dos etapas de la guerra, de las cuales, en la primera, la responsabilidad en la lucha cabría enteramente a la izquierda, y sólo en la segunda podrían las masas intervenir. Ante la apatía creciente de las masas urbanas, esas organizaciones darán nuevo énfasis a la guerrilla rural, la cual, alejadas como están las organizaciones del problema campesino, seguirá siendo para ellas una cuestión técnica de inserción de los destacamentos armados en el campo.

El ritmo de las acciones armadas se intensifica de manera extraordinaria en el curso de 1969, hasta el punto máximo representado por el secuestro del embajador norteamericano en Río de Janeiro, en el mes de septiembre. La acción, en la que participaron elementos de la DI de Guanabara (que tomó entonces el nombre de Movimiento Revolucionario 8 de octubre –MR-8– en homenaje a un grupo operativo emanado de ella y desmantelado por la represión poco antes) y de la ALN, mostró con toda fuerza las características que había asumido en Brasil el enfrentamiento izquierda-gobierno: de un lado, la audacia y la decisión evidenciadas por las organizaciones político-militares; del otro, el trato brutal que, indiferente a la reprobación internacional, el gobierno dio a los prisioneros canjeados por el embajador, y la violenta represión que desencadenó en el país, hiriendo indiscriminadamente a elementos de izquierda, simpatizantes periféricos y simples ciudadanos.

La ferocidad de la represión tuvo su importancia para la evolución de la izquierda. La gran mayoría de los cuadros pasaron a vivir en la clandestinidad, dependiendo de la organización para sobrevivir, y residiendo en "aparatos", es decir, casas o departamentos mantenidos por ella, una vez que ya no podían contar con la hospitalidad de simpatizantes o "aliados". Además de repercutir negativamente en la vida política interna y en la práctica del centralismo democrático, ello agravó el aislamiento de la izquierda, de profunda significación para las condiciones existenciales de los cuadros, y su alejamiento progresivo de las masas. El resultado fue el afianzamiento de la tendencia al militarismo y el hecho de que los militantes se volvieron más y más detectables por la represión, que los iba a encontrar seriamente quebrantados y aptos a prestar a la tortura la colaboración psicológica que ésta requiere para ser eficaz.

A medida que se estrechaba el círculo de la represión y que la izquierda, desvinculada de las masas, no podía recurrir al reclutamiento de nuevos cuadros en escala significativa, se impuso la práctica del frente de trabajo y de la fusión. Las fusiones, realizadas como medida de autodefensa y carentes, por lo tanto, de real contenido político, mostraron ser ineficientes, tendiendo a desembocar en nuevas escisiones. El caso más representativo fue el de la fusión VPR-COLINA, y algunos grupos menores, que dio lugar a la Vanguardia Armada Revolucionaria-Palmares, organización que se escindió en el curso mismo del congreso de fusión, a fines de 1969. De allí se originó la nueva VPR, cuya figura más destacada fue el ex capitán del ejército Carlos Lamarca y que llegó a ser la fuerza más representativa de la corriente militarista, y la organización que conservó el nombre de VAR-Palmares, cuya línea era una transición entre el militarismo y las nuevas formas que el trabajo de masas plantea hoy día en Brasil.

Los frentes de trabajo, constituidos en función de acciones aisladas de mayor envergadura o de coincidencia real de línea y métodos de lucha, han revelado ser más fructíferos. Gracias a ellos, la gran atomización de la izquierda brasileña se vio considerablemente aminorada, configurando algunos bloques o tendencias de importancia: el eje VPR-ALN, al que se sumó después el MR-8; el eje VAR-Palmares-PRT-POC (que sufrió después una nueva escisión, que tomó de nuevo la denominación de POLOP); y el eje AP-PC del Brasil, el más sólido de todos, debido a su senda adhesión al maoísmo.

Basta mirar ese cuadro para que salte a la vista que la aproximación entre las organizaciones iba más allá de meras conveniencias operacionales. En efecto, los tres bloques señalados divergían entre sí en cuanto al carácter de la revolución, las fuerzas motrices del proceso revolucionario y las formas de lucha que éste implicaba. Al reseñar estas particularidades, conviene tener presente que ello induce necesariamente a simplificaciones, que no dan cuenta de las diversidades que aparecen en el interior de cada tendencia, al tiempo que omiten los puntos de contacto que pueden existir entre las organizaciones que integraban diferentes tendencias.

Es así como la VPR y la ALN (el MR-8 evitó inicialmente enfrentarse al problema y, cuando lo hizo, esto se dio en el proceso de acentuación de sus divergencias con el bloque, que culminó con su separación) caracterizaban a la revolución brasileña como una revolución de liberación nacional, lo que las llevaba a enfatizar sus rasgos antiimperialistas en detrimento de la definición precisa de las clases sociales comprometidas en el proceso. Ambas organizaciones defendían la guerra de guerrillas como forma dominante de lucha, y privilegiaban el papel del campesinado. En la formulación teórica de los supuestos en que se basaba su práctica, la VPR fue más lejos que la ALN, que se vinculaba más a la práctica empiricista de Marighella. En consecuencia, mientras la ALN evitaba la discusión propiamente ideológica, y sostenía en general las tesis más clásicas del marxismo, como la que se refiere a la hegemonía de la clase obrera, documentos de la VPR aplicaron al Brasil muchos de los planteamientos marcusianos sobre el aburguesamiento del proletariado industrial, y llegaron incluso a afirmar la cuasi inexistencia de la clase obrera y el papel revolucionario o decisivo que allí cabría a las masas urbanas llamadas "marginales", así como al campesinado. Ambas organizaciones se caracterizaron por la realización de acciones armadas de gran efecto propagandístico.

Las organizaciones que integraban el segundo bloque constituían la tendencia socialista propiamente dicha, por defender el carácter socialista de la revolución y el papel hegemónico de la clase obrera en todas las fases del proceso. La principal divergencia entre ellas residía más bien en su posición frente a la cuestión de la guerra de guerrillas –y, pues, al campesinado– que, aunque todas propugnaran en general, adquiría mayor o menor énfasis en sus planteamientos, según se tratara, por ejemplo, de la VAR-Palmares o del POC. El origen político-militar de la primera la inclinaba, también, más fuertemente hacia las acciones armadas, pero todas preconizaban la realización de acciones directas vinculadas estrechamente a los intereses propios de la clase a que se dirigían y tendían a concentrar sus efectivos en la ciudad.

La tesis de la revolución popular que defendía el bloque maoísta estaba más cerca de la concepción de liberación nacional, pero, basado en un análisis de clases más preciso, destacaba con mayor nitidez el papel que se atribuye allí a la burguesía nacional. La hegemonía de la clase obrera era defendida con mayor calor por el PC del Brasil que por la AP, aunque ambos grupos hayan dado tradicionalmente una gran importancia al trabajo campesino; ello se debe a su definición de la guerrilla como forma principal de lucha, aunque ninguno de los dos la planteara como tarea inmediata. Sin embargo, el rasgo distintivo de las dos organizaciones fue su opción en favor de un trabajo de masa más tradicional, realizado pacientemente a partir del grado de conciencia de la masa y en una perspectiva de largo plazo así como su condena formal a la práctica armada de las organizaciones político-militares.

El bloque maoísta se caracterizó en ese período por el acrecentamiento sistemático de su base de masa, fenómeno que sólo el POC, y a mucha distancia de él, registró también, y por lo que se podría llamar el "populismo de izquierda"; sin embargo, pese a la gran identidad existente entre las organizaciones que lo integran, el distinto origen de las mismas tuvo incidencia en su práctica. Así, el PC del Brasil, que nace de una escisión de los grupos stalinistas del viejo PCB, demostró más sectarismo que la AP en sus relaciones con las demás fuerzas de izquierda, al mismo tiempo que una mayor flexibilidad para adecuarse a los marcos legales de trabajo de masa impuestos por el régimen militar. El PC del Brasil llegó incluso a ocupar puestos sindicales de importancia, después de 1968, y se ha acercado en ciertas ocasiones a los remanentes de la oposición liberal burguesa y pequeñoburguesa.

Inversamente, surgida de la izquierda cristiana y mucho más joven en tradición y en cuadros, la AP maduró en el trabajo de masa –estudiantil primero, campesino y obrero después– y evolucionó hacia una práctica revolucionaria siempre más pura. De la política de infiltración en el gobierno, que preconizó y practicó antes de 1964, la AP pasó, después del golpe de abril, a una abierta oposición al régimen y se radicalizó progresivamente, hasta llegar al marxismo. Su trayectoria desde entonces estuvo marcada por una visión mecánica de la relación vanguardia-masa, propia a los grupos maoístas en América Latina, que la llevó a exigir la integración de sus militantes al trabajo productivo (posición que sometió posteriormente a autocrítica), y que le ha costado a veces la pérdida de cuadros o bases enteras, que se desprenden de la esfera de la vanguardia y se incorporan al movimiento de masas; el caso más significativo es el del "Grupão" (grupón), un importante núcleo de obreros de avanzada que actuó en la zona industrial de São Paulo y que nació de una ex base de la AP. De todas maneras, y sin entrar aquí en el mérito de su línea política, la evolución de la AP anticipó un esfuerzo de identificación con las masas que la crisis actual de la izquierda brasileña exige de todas las organizaciones revolucionarias.

La crisis

Para muchos militantes, la crisis por la que pasa actualmente la izquierda brasileña se reduce a cuestiones técnicas de resistencia a la represión policial-militar, o a los problemas operacionales a que se enfrenta para desarrollar su práctica política, o aun a las diferencias ideológicas que enarbolan sus distintas tendencias. Para otros, que plantean más críticamente la situación de conjunto que caracteriza al país, esa crisis es antes que nada un resultado de la baja que afecta hoy día al movimiento revolucionario y al mismo movimiento de masas. El problema es sin embargo, mucho más profundo: vivimos actualmente la crisis de un liderazgo de clase y el tránsito del proceso brasileño a una etapa cualitativamente diferente.

La trayectoria de la izquierda brasileña en la última década fue, en efecto, la trayectoria de una clase, la pequeña burguesía, y la manera particular como ésta vivió los cambios estructurales que se verificaron entonces en el capitalismo brasileño. Polarizándose en función de los conflictos interburgueses que la centralización del capital acarreó, la pequeña burguesía llegó dividida a 1964: mientras una parte significativa de los grupos que la componen apoyaron entusiastamente a la política del gran capital, desfilando por las calles antes y después del golpe militar, amplios sectores de ella se desplazaban progresivamente de la influencia del PCB y otros liderazgos reformistas moderados y se agrupaban en torno al liderazgo más radical de Brizola, Julião y de la misma AP, y alimentaban la dinámica de los grupos más extremistas, cuya mejor expresión era la POLOP. La capitulación de la oposición burguesa, en 1964, y la subordinación progresiva de las capas más bajas de la burguesía al gran capital, conducen a la pequeña burguesía radicalizada a extremar sus posiciones, al mismo tiempo que los sacrificios impuestos por la política económica la llevan en su conjunto a alejarse del régimen. La crisis del reformismo se hace entonces visible y expresa el desplazamiento del eje de la alianza de la pequeña burguesía desde los estratos capitalistas inferiores hacia las masas trabajadoras de la ciudad y del campo.

Independizada así de la tutoría burguesa, la pequeña burguesía, cuya expresión más dinámica fue el movimiento estudiantil, se vio convertida en la fuerza hegemónica del movimiento popular. Sin embargo, inserta en una sociedad fuertemente polarizada, en la que las distancias que la separan de los trabajadores son singularmente amplias, carecía de vínculos reales con las masas populares. Cuando éstas reclamaron una efectiva conducción política, la pequeña burguesía no supo hablarles sino a través de sus actos y procuró guiarlas con su ejemplo al enfrentamiento directo con el régimen.

1968 marca el momento culminante de la hegemonía pequeñoburguesa sobre el movimiento de masas; pero también su fracaso. El deterioro progresivo de las condiciones de actuación de la izquierda revolucionaria, en el período subsecuente, resultó, como señalamos, de que no aprovechó una cierta ventaja táctica que podía explotar con relación al régimen. La izquierda aceptó el enfrentamiento directo y se encontró de pronto aislada, expuesta a los golpes del enemigo. Pero la separación de su base social sólo en parte se debe al hecho de que la izquierda se hubiese adelantado; se deriva más bien del hecho de que dicha base retrocedió. Al mirar en torno, la izquierda se dio cuenta de que la pequeña burguesía se había quedado atrás y asistía como simple espectadora a los combates que ella libraba.

La abdicación de la pequeña burguesía a su puesto de lucha fue parcialmente una victoria de la campaña de aniquilamiento lanzada por el régimen. Cuando llamaba al enfrentamiento, la pequeña burguesía esperaba que fuera una breve batalla, en la que la clase obrera ocuparía la primera línea de fuego. Sin embargo, el proletariado apenas empezaba a organizar sus fuerzas cuando el régimen contraatacó. La pequeña burguesía abandonó el terreno, sin preocuparse de su vanguardia, que sí se mantuvo en el frente de combate.

Sería incorrecto creer, sin embargo, que fue sólo el miedo lo que hizo retroceder a la pequeña burguesía. Mencionamos ya que nuevos factores objetivos hicieron sentir su presencia en el Brasil de 1969, los cuales influyeron decisivamente en la configuración política en cuyo marco la izquierda revolucionaria debió actuar. Dichos factores se derivaron directamente de la adaptación a la que procedió el régimen del modelo subimperialista de desarrollo, formulado en el período de Castelo Branco, y que sufriera los primeros cambios desde la ascensión de Costa e Silva a la Presidencia de la República.

Recordemos que el problema estructural de la economía industrial brasileña reside en el desajuste entre el sector de bienes de capital y el de bienes de consumo, y que ello dio lugar, a principios de la década, a una grave crisis coyuntural. En el planteamiento del equipo tecnocrático-militar de 1964, la crisis coyuntural constituía el primer objeto de preocupación, y la medida más eficaz empleada en este sentido fue la rebaja forzosa de los salarios, mediante una política altamente lesiva a los sectores que viven de remuneraciones, inclusive la pequeña burguesía asalariada. El debilitamiento inevitable que esto trajo al mercado interno no preocupó mayormente al régimen militar: la perspectiva de explotar el mercado externo, mediante una alianza con los monopolios extranjeros, le parecía sumamente promisoria. Se esperaba que dichos monopolios abrieran a la burguesía brasileña los mercados controlados por ellos, a cambio de las facilidades que les daría ésta para superexplotar conjuntamente al proletariado nacional. Paralelamente, se asignaba al Estado un papel complementario en la atención a las exigencias de realización, planteadas por la gran industria.

Entre 1964 y 1968, se persiguió la concretización de esa alianza, con relativo éxito. Sin embargo, como mostramos, la lentitud con que los resultados se iban alcanzando y las dificultades surgidas para acelerarlos reforzaron la posición política de los sectores burgueses más débiles, a quienes esa política no convenía, y condujeron al remplazo de Castelo Branco. Con el nuevo gobierno, el modelo subimperialista, sin ser abandonado, sufrió adaptaciones que se centraron sobre todo en mayores facilidades de crédito a la mediana empresa, así como en la formulación de una política moderada de subsidios y exenciones de impuestos en su favor, lo que le permitió a ésta reactivar sus negocios. El Estado asumía el costo de esa política, descargándolo, por vía de la inflación, sobre la masa trabajadora.

Los sucesos internos de 1968 y la recesión norteamericana, que se esboza entonces para afirmarse el año siguiente, determinan la acentuación de esa tendencia, que desplazaba el énfasis de la política económica desde el comercio exterior hacia el Estado, sin que aquél haya sido jamás abandonado. Simultáneamente, a medida que se acentuaba la captación parasitaria de recursos estatales por las distintas capas burguesas –lo que, además de representar el precio que pagaba el régimen por su sumisión, creaba la necesidad de darles condiciones internas de realización– la pequeña burguesía pasó a recibir una parte más significativa de los beneficios de la superexplotación del trabajo, al tiempo que se le asignaba el papel de generadora de demanda para la producción de bienes de consumo.

Es importante detenernos en la composición de esa producción. Una parte de ella viene de la industria ligera modernizada, que había sido forzada a elevar su nivel tecnológico, ya con el fin de aumentar su poder de competencia en el mercado externo, ya con el de proporcionar un mercado más dinámico para la producción interna de bienes de capital. Pero una parte cada vez más significativa proviene de la misma industria pesada, que, al encontrar dificultades para seguir expandiéndose hacia el exterior, reorienta su producción en el sentido de la fabricación de bienes de consumo durable, destinados al mercado interno. Ambos sectores exigían, pues, la ampliación de la capacidad de consumo de la pequeña burguesía, más precisamente de sus estratos más altos, lo que motivó su inesperada incorporación al bloque social beneficiario de la política económica.

El nuevo brote reformista, que se observa actualmente en Brasil, refleja en gran medida la neutralización política de la pequeña burguesía y el acercamiento progresivo de algunos sectores de ésta al bloque dominado hegemónicamente por la gran burguesía. Con base en facciones militares y en corrientes de la antigua izquierda reformista, esa tendencia política maneja eslóganes nacionalistas nuevos y viejos, y se esfuerza por revivir mitos populistas que se creían ya enterrados. Esto se armoniza con la intención del gobierno de pasar de la fase de aniquilamiento de la izquierda a la de captación social, para lo cual echa mano tanto del fútbol como de la demagogia antiimperialista, de la manipulación de los medios de difusión como de la censura impuesta a editoriales y universidades. En medio de fluctuaciones de intensidad, que reflejan las contradicciones internas de las mismas fuerzas armadas, se trata por otro lado de localizar la represión al movimiento revolucionario, sin que ello implique disminuir su violencia en las áreas en que incide.

De este proyecto de recuperación de la base social de apoyo al régimen, queda desde luego excluido el campesinado. La participación de la burguesía terrateniente en el bloque dominante ha significado que se mantengan las estructuras de explotación en el campo, cuyos rasgos brutales se han acusado aún más en virtud del aumento de mano de obra. En efecto, entre los problemas que el régimen militar debió atacar, a mediados de la década, para recuperar y ampliar los niveles de la cuota de plusvalía en la industria, estaban la elevada participación en el ingreso que la manipulación de los precios otorgaba al sector agropecuario, y el efecto de esa especulación en los salarios urbanos. Simultáneamente al control de los precios agrícolas, el régimen se preocupó entonces de crear incentivos al aumento de producción y lo hizo mediante el abaratamiento forzoso de la mano de obra rural.

Ese abaratamiento se logró mediante distintos procedimientos. Uno de ellos fue la intensificación de la mecanización y la extensión del sector pecuario, lo que, reduciendo aún más las oportunidades de trabajo en el campo, aumentó la oferta de trabajo y deprimió el nivel de las remuneraciones. Otro, la aplicación de la legislación laboral existente, que fija el mínimo salarial y concede beneficios sociales al trabajador, estableciendo además normas para los regímenes de arrendamiento y aparcería. Como esto se hizo en condiciones de extrema represión de la organización sindical en el campo y del aumento de la oferta de trabajo, que debilita el poder de discusión del trabajador, el resultado de esta última medida fue el de provocar despidos en masa de asalariados, así como el desalojo de colonos y aparceros que, constituyéndose en jornaleros dichos "volantes", fueron a engrosar el caudal humano que debe vender su fuerza de trabajo al precio fijado por el terrateniente. Arrancada de la gleba, esa masa superexplotada se agolpa en torno a los centros urbanos del interior de São Paulo, de Minas o del Nordeste, de donde sale a prestar servicio al terrateniente en las fases estacionales de trabajo, tendiendo a constituirse así en una capa intermedia entre el proletariado urbano y rural.

Las condiciones de explotación creadas por el capitalismo brasileño en la ciudad no han sido mucho más benignas. En la fase de transición de la política económica, entre 1967 y 1968, el régimen pensó en proceder a una cierta liberalización salarial, después del llamado "tapón" aplicado por Castelo Branco. El curso que tomó sin embargo el proceso, basado en la producción de bienes de consumo suntuario para las capas de ingresos más altos, y la necesidad de crear una real capacidad de demanda por parte de dichas capas, implicó mantener la redistribución regresiva del ingreso, en detrimento de las masas trabajadoras y en favor de los estratos sociales superiores. La contención salarial, afianzada por la represión al movimiento obrero, y la inflación han desempeñado un papel importante en este sentido y desembocaron en una baja considerable del poder adquisitivo del proletariado.

La situación de la clase obrera se ha visto agravada por el deterioro del ritmo de creación de empleos en la economía. Sea en la fase en que privilegió el mercado externo, sea en la que enfatizó el mercado constituido internamente por las capas de altos ingresos, el capitalismo brasileño acentuó su contradicción fundamental, es decir, su incapacidad para proporcionar a las masas trabajadoras condiciones adecuadas de incorporación al proceso productivo. Inversamente, mediante el uso de tecnología ahorradora de mano de obra y la regulación de la producción, vuelta posible por el proceso de monopolización, la economía restringió progresivamente esa incorporación, degradando aún más la condición proletaria.

En estas circunstancias, a todo lo que puede aspirar el régimen militar, al pretender crear una base social para la dominación del gran capital, no va más allá de la incorporación de la pequeña burguesía al esquema de poder. Aun las capas bajas de la clase media quedan excluidas de ese proyecto, y la inutilidad de éstas desde el punto de vista del modelo capitalista que se quiere implementar hace más bien previsible que se mantenga la degradación de su situación material, que se ha observado en los últimos años. Finalmente, tratándose del proletariado urbano y rural, las pretensiones del régimen se limitan a procurar embrutecerlo a través de la propaganda, una vez que debe seguir reprimiendo sus reivindicaciones más elementales.

Creer que el reformismo pueda adquirir hoy día en Brasil un real significado político para los trabajadores es, pues, ignorar la lógica implacable de la lucha de clases. Aplastado por la superexplotación que se le ha impuesto y proscrito de la vida institucional y política del país, el proletariado brasileño no puede tener otra expresión política que no sea revolucionaria. Su situación objetiva coincide con la crisis que vive la vanguardia revolucionaria, y que resulta de la pérdida de la base social pequeñoburguesa que la había respaldado. Ambas condiciones, que se dan por primera vez en forma combinada, hacen aparecer como necesaria y viable la creación de un verdadero partido proletario en el país.

El sentido de la crisis

La izquierda llega a ese momento profundamente transformada. Al enfrentarse a las tareas que planteaba la realización de la lucha armada, se ha depurado internamente y ha forjado una nueva militancia, cualitativamente distinta de la que le dejara el período anterior. La lucha armada representó aún más para la izquierda: fue su declaración formal de que ella no aceptaría las reglas del juego impuestas por los militares. Independientemente del voluntarismo en que incurrió, esto le permitió encarar seriamente la lucha clandestina, la única que la vanguardia política del proletariado puede librar en las actuales circunstancias.

La acción implica siempre el riesgo de la desviación; sólo la inacción da garantías seguras a la ortodoxia. En el caso brasileño, la acción de la izquierda acarreó desviaciones, que han tenido consecuencias en su desarrollo. Sin embargo, ha sido su práctica de lucha armada lo que permitió a la izquierda romper con los métodos tradicionales del trabajo de masa, así como reunir los elementos necesarios (humano, técnico, organizativo) para hacer frente a las tareas que plantea la lucha de clases. Si la izquierda revolucionaria constituye actualmente una alternativa política para las clases trabajadoras –y ella es la única alternativa que les queda– esto se debe precisamente a las modificaciones que ha sufrido.

La opción hecha por la burguesía en favor de una dictadura abierta de clase no deja a la acción política de la vanguardia y al proceso de la lucha de clases sino el camino de la lucha armada. Lo que se impone, pues, a la izquierda brasileña no es el abandono de este método de lucha ni siquiera una autocrítica por haberla entablado en el momento en que lo hizo. Los que le achacan la responsabilidad del golpe militar de 1968 son los mismos que la acusaron de haber provocado el de 1964, es decir, los que desearían una lucha de clases sin lucha y quizá sin clases.

Más allá de ser un instrumento de acción de que se vale la vanguardia, la lucha armada es una forma general de la lucha de clases. Ésta reviste dicha forma siempre que se da la ruptura entre el movimiento de masas y el sistema de dominación, lo que tiende a configurar una situación de guerra civil más o menos larga. Esta situación, planteada en Brasil desde 1964 y vuelta irreversible después de 1968, lleva a que, aun cuando en las fases de reflujo del movimiento de masas la lucha armada de la vanguardia aparezca como un fenómeno sin raíces en la sociedad, sea ella la que exprese de manera más pura el grado de agudización a que llegaron las contradicciones de clases en esa sociedad.

No es por lo tanto ese espejismo lo que debe preocupar a la izquierda, sino el hecho de que la misma izquierda se deje confundir por él. Sus sectores militaristas que, al no encontrar respuesta inmediata a sus acciones armadas por parte de las masas, deciden que éstas no tienen ahora ningún papel que jugar, reproducen a la inversa la misma actitud de sus sectores "masistas", que condenan a la lucha armada en nombre de un trabajo de masa de tipo tradicional y que las condiciones vigentes hacen poco efectivo.

Como decía Lenin, en un movimiento revolucionario las desviaciones de izquierda son siempre, en última instancia, desviaciones de derecha.

La crisis de la izquierda brasileña es la crisis de la base social en que se apoyaba, pero es también una crisis ideológica. En estas circunstancias, la izquierda está obligada a vivirla hasta sus últimas consecuencias, agotando todas las instancias de la autocrítica y llegando al desgarramiento extremo de la lucha interna. Sólo así podrá enfrentarse al desafío que le plantea la lucha de clases: la organización de las masas explotadas para la guerra contra la dictadura del capital.

En el curso de ese proceso, la izquierda se encontrará con que su práctica reciente ha forjado las armas que le permiten atacar esa tarea. El temple de sus cuadros, el dominio de los secretos de la lucha clandestina, la creación de estructuras organizativas flexibles, todo ello la pone en posición ventajosa para impulsar la nueva etapa de su desarrollo. Etapa que, al fin y al cabo, se define por la realización de lo que la vanguardia persiguió incansablemente durante todos estos años: la fusión de las ideas revolucionarias con el movimiento de las amplias masas explotadas de Brasil.

IV

HACIA LA REVOLUCIÓN CONTINENTAL

La dictadura militar es una respuesta a la crisis económica que afectó a la economía brasileña, entre 1962 y 1967, y a la consecuente intensificación de la lucha de clases. Pero es algo más: constituye el instrumento y el resultado de un desarrollo de tipo capitalista de Estado y subimperialista. En esta perspectiva, ella es, por un lado, lo que garantiza una acumulación de capital basada en la superexplotación de las masas trabajadoras, tanto urbanas como rurales, y, por otro lado, la expresión de la hegemonía conquistada, gracias a la crisis, por los monopolios industriales y por el capital financiero nacional e internacional.

No cabe retomar aquí la crisis de los años sesenta. Lo que importa destacar es que ésta aparece como una crisis de realización que planteaba la necesidad de abrir mercados para la producción de bienes durables (de consumo y de capital), con el objeto de asegurar campos de inversión para los monopolios industriales y el capital financiero interesado en esa producción. Simultáneamente, el desarrollo de esas líneas de producción exigía una acumulación de capital más intensa, lo que suponía quebrar la dinámica reivindicativa del proletariado industrial y de las masas del campo, particularmente fuerte después de 1959.

Esto es lo que explica que el golpe militar haya sido distinto a los anteriores que se hicieron para romper impases surgidos en las relaciones entre las clases, principalmente a nivel de las clases dominantes, y permitieron después que la burguesía volviera a tomar directamente el control del Estado. En 1964, la situación es diferente: la élite militar que encabeza el golpe no sólo interviene en la lucha de clases, sino que presenta todo un esquema económico-político, el cual consagra definitivamente la fusión de intereses entre ella y el gran capital. Ese esquema es el subimperialismo, la forma que asume el capitalismo dependiente *al llegar a la etapa de los monopolios y del capital financiero.*

El subimperialismo

El eje del esquema subimperialista está constituido por el problema del mercado. Para la industria de bienes durables, la crisis de los sesenta se presenta como la imposibilidad de seguir desarrollándose en línea ascendente con base en un mercado interno insuficiente. Esto había llevado a los gobiernos anteriores, sobre todo al de João Goulart, a insistir en la dinamización del mercado interno mediante la redistribución del ingreso. Los intentos de redistribución mostraron empero ser una mala solución para el gran capital, por dos razones:

a) la redistribución (operando, entre otros mecanismos, a través de alzas salariales) se reflejaba principalmente en el incremento de la demanda de bienes no durables, que el gran capital no producía o producía en pequeña escala, y

b) la redistribución afectaba duramente a la plusvalía de las empresas medianas y pequeñas, productoras de bienes no durables, restringiendo aún más su capacidad para absorber bienes durables.

Se observa así que las capas más bajas de la burguesía que (en alianza con los sectores populares, principalmente la clase obrera organizada) constituían la base social del gobierno de Goulart, resentían contradictoriamente la política redistributiva, al tiempo que la gran burguesía se le oponía abiertamente. A medida que el movimiento reivindicativo de las masas se acentúa, la pequeña y la mediana burguesía ven aumentar sus dificultades económicas, las cuales se hacen insoportables en el momento en que, cediendo a la presión del gran capital, el gobierno intenta llevar a cabo la estabilización monetaria (1963) y restringe, en consecuencia, el crédito. Con ello, Goulart pierde su base social burguesa (y también la popular, ya que la estabilización afecta negativamente las presiones salariales) y la empuja hacia los brazos del gran capital. Cambiaba así la correlación de fuerzas y, teniendo en cuenta la oposición que la clase terrateniente había presentado sistemáticamente al reformismo gubernamental, se crean las condiciones para el golpe de abril de 1964, cuyo resultado es la dictadura militar encabezada por el mariscal Castelo Branco.

La política del equipo tecnocrático-militar de Castelo Branco va a atender fundamentalmente a los intereses del gran capital. En líneas generales, se cifra en concentrar aún más el ingreso y sus fuentes de producción, a través de medidas destinadas a bajar los salarios (la política llamada del "tapón") o de medidas orientadas a facilitar la absorción más o menos violenta de las empresas menores por las grandes (crédito, tributación, etc.). Es evidente que su efecto inmediato consistía en agravar aún más la crisis interna de realización, lo que puede parecer paradójico. Sin embargo, atendiendo siempre a los intereses del gran capital, el nuevo régimen plantea una solución distinta a esa crisis, que se basa en dos elementos: en primer lugar, la exportación de manufacturas, tanto de bienes durables como no durables, siendo conveniente señalar que la exportación de estos últimos conlleva la elevación del nivel tecnológico de las empresas, lo que implica mayores posibilidades de absorción de bienes de capital; en segundo lugar, el aumento de la capacidad de compra del Estado, mediante una activa política de desarrollo de la infraestructura de transportes, de electrificación y reequipamiento de las fuerzas armadas –todo ello acarreando una expansión del mercado para los bienes de capital.

Hasta allí, lo que se tenía era un modelo económico similar al que fue aplicado en la Alemania de los treinta por el nazismo. La novedad era el papel atribuido al capital extranjero. Proveedores de la tecnología indispensable para la ambicionada expansión comercial, los monopolios imperialistas son también los dueños del mercado mundial. El Brasil no disponía, en términos relativos, de la base económica y tecnológica de la Alemania de los treinta, y tampoco podía, como ésta, disputar el mercado por la fuerza. La solución encontrada, propia de un país dependiente y que convierte su imperialismo en un subimperialismo, fue la de ofrecer participación a los monopolios extranjeros en la explotación del trabajador brasileño y en las ganancias derivadas de la expansión comercial –es decir, realizar esa política mediante una alianza irrestricta con el capital extranjero.

El imperialismo aceptó la participación, pero impuso sus condiciones. El capital extranjero se hizo más presente que nunca en la gran industria y en la explotación de materias primas básicas, como el mineral de hierro; la política de electrificación contó con aportes considerables de las agencias financieras internacionales. A partir de 1964, el Brasil ocupa de lejos el primer lugar en América Latina en los programas de inversión pública y privada auspiciados por la Alianza para el Progreso. Sin embargo, el capital extranjero rehusó promover el desarrollo de sectores reservados a los países avanzados, como la aeronáutica, y el gobierno norteamericano obstaculizó las pretensiones brasileñas de acceder al dominio de la tecnología nuclear.[1] Estas actitudes provocaron fricciones, que explican hechos como la compra de Mirages a Francia y la negativa brasileña a firmar el acuerdo de desnuclearización de Ginebra, pero que no comprometen en lo fundamental el modelo de asociación adoptado.

Por otra parte, esto no modificó el esquema de realización establecido por la dictadura, el cual se basaba, como vimos, esencialmente en el mercado externo y en el gasto público en obras de infraestructura o en la producción bélica. El crecimiento de las exportaciones, que pasan de 1 400 millones de dólares en 1963 a 2 700 millones en 1970, se hizo siempre a costa del consumo interno. El ejemplo más flagrante es el de la carne de vacuno, de la cual se exportaron 18 500 toneladas en 1964 y 79 000 en 1969, gracias a la restricción del consumo interno, obtenido mediante el alza de los precios (el precio interno de la carne subió considerablemente, pese a que el precio internacional del producto bajó, en el período considerado, de 613.07 dólares a 549.90 por tonelada). La exportación de productos manufacturados, a su vez, que había sido de 37 millones de dólares en 1963, sube, ya en 1964, a casi 70 millones, y llega a 473 millones en 1970, merced a subsidios guberna-

1. Sobre este último punto, véase mi artículo, en colaboración con Olga Pellicer de Brody, "Militarismo y desnuclearización en América Latina", *Foro Internacional,* núm. 29, México, julio-septiembre de 1967, pp. 1-24.

mentales, que permiten exportar a un precio FOB inferior en un 50% al precio de venta en el mercado interno.[2]

La realización de esta política implicó, de inmediato, reforzar la tendencia del capitalismo brasileño a la monopolización, con el propósito de crear una estructura de producción apta para competir en el mercado internacional. Además de facilitar la desnacionalización de la industria, esto llevó a la pequeña y mediana empresa a la quiebra o a la absorción por el gran capital, en el momento mismo en que el desarrollo del capital financiero –a través de las compañías financieras y de los bancos de inversiones, con fuerte participación extranjera– creaba el instrumento capaz de centralizar el capital social en pocas manos.

Las vicisitudes del subimperialismo

Después de la recuperación observada en el primer semestre de 1966, el ritmo de crecimiento de la economía brasileña descendió otra vez, alcanzando su punto más bajo en el primer trimestre de 1967. Varias razones concurrieron para ello, pero lo que importa señalar es que se tomó entonces conciencia de que la expansión comercial exterior sólo a largo plazo podría convertirse en un instrumento efectivo de realización, y que el Estado no podría entrar, mientras tanto, a suplir todas las necesidades de la industria sin agravar violentamente el proceso inflacionario. Ya a fines del gobierno de Castelo Branco el esquema empieza, pues, a sufrir adaptaciones, mediante la concesión de créditos a las empresas, con el objeto de amortiguar los efectos de la depresión. Cuando le sucede el mariscal Artur da Costa e Silva (marzo de 1967), se acentuará esta política y se intentará revitalizar el mercado interno gracias a una mayor flexibilidad de la política salarial.

Los resultados de esto se hacen sentir inmediatamente. No sólo cae el ritmo de las exportaciones, sino que se agrava la situación interna. En efecto, el intento de detener el

2. Ver, sobre el asunto, de Dimas Antonio de Moraes, "Incentivos fiscais para exportação de manufaturados", *Brazilian Business*, enero de 1971.

deterioro del salario real no conduce a la dinamización del mercado interno, toda vez que, en términos globales, ello repercute sobre todo en la demanda de bienes agrícolas y productos industriales de consumo inmediato, etc., afectando poco al mercado de bienes durables, que interesa a los sectores monopolizados. Por otra parte, al desacelerarse el aumento de la tasa de explotación de la masa trabajadora, se reducen las posibilidades de transferencia de ingreso a las capas altas, burguesas y pequeñoburguesas, las que sí crean demanda para los bienes durables.

No será, pues, una coincidencia que, cuando el salario mínimo real (que bajara violentamente de 279.55 cruceiros en 1965 a 195.36 en 1967) se estabiliza relativamente en 1968 (194.83), el salario medio (en el que están comprendidas las remuneraciones de la pequeña burguesía), que se recuperara considerablemente en 1967 (466.00 cruceiros), baja bruscamente en 1968 (400.66). Las consecuencias políticas de esta situación serán también negativas para el gobierno: la radicalización de la pequeña burguesía coincide con la movilización iniciada por la clase obrera en pro de sus reivindicaciones, mientras los sectores de la burguesía que la monopolización desfavorecía se aprovechan de la coyuntura para chantajear a la dictadura y arrancarle concesiones.

La respuesta es el endurecimiento del régimen, mediante lo que puede considerarse como un nuego golpe de Estado, el Acta institucional No. 5, del 13 de diciembre de 1968, que suspende la Constitución, cierra el Congreso y castra las funciones del poder judicial. A esa respuesta política corresponde, en el plano económico, la intensificación de la explotación de los trabajadores, acentuándose el "tapón", mediante lo cual podrá transferirse (bajo la forma de crédito, subsidios y sueldos) poder de compra a las capas medias y altas. Los datos salariales para 1969 hablan por sí: el salario mínimo desciende a 189.37 cruceiros, mientras el medio sube a 470.00.[3] La neutralización de amplios sectores de la pequeña burguesía y la adhesión de otros a la

3. Los datos sobre salarios fueron tomados de *Visão,* de 23-5-70; el mínimo se expresa en cruceiros de mayo de 1970 y el medio en cruceiros de febrero de 1970.

política de la dictadura no nacen tan sólo del terror, sino también del soborno, soborno que interesa objetivamente al gran capital.

Con esto, se dinamizaba el mercado interno, atendiéndose parcialmente a los intereses de la pequeña y la mediana burguesía, sin desatenderse para nada a los intereses del gran capital. La dictadura lograba conciliar las contradicciones interburguesas, lo que se reflejaría pronto en su consolidación política. El tercer gobierno militar, encabezado por el general Emilio Garrastazu Médici, que se instala en el poder en octubre de 1969, reposará sobre una coalición burguesa mucho más sólida que las anteriores.

En la perspectiva del esquema subimperialista, lo que surge así es la tercera pata en la que él se apoya: "la sociedad de consumo" a la moda de la casa, creada mediante la transferencia de ingreso desde las capas más pobres hacia las capas medias y altas, a fin de garantizar el mercado para una industria altamente tecnificada, que se divorcia cada vez más de las necesidades de consumo de las grandes masas. El capitalismo brasileño es un monstruo, pero un monstruo lógico: si el consumo popular no sirve a la realización de lo que producen los sectores más dinámicos de la industria, peor para el consumo popular; el capital seguirá su acumulación prescindiendo de él. El resultado de esto es que la especialización funcional de la economía brasileña es tan lógica que se convierte en absurda: de un lado, la masa productora de plusvalía, que no tiene prácticamente acceso al consumo; del otro, los grupos y estratos que acumulan y/o consumen plusvalía. El divorcio entre las clases no podría ser más radical, y revela con meridiana claridad la base de clase de la dictadura militar.

Así como rompió con el mito de una redistribución del ingreso que redujera las disparidades sociales dentro del sistema, la dictadura renunció también a llevar a cabo una reforma agraria que palie las desigualdades existentes en el campo. Desde 1964, ante la presión que el alza de los precios agrícolas ejercía sobre la tasa de la inflación, el gobierno optó por la solución de contener los precios por la fuerza, ofreciendo en contrapartida a los latifundistas mejores condiciones para la explotación del trabajador. La mecanización de la agricultura, la extensión de la legislación laboral al campo (que llevó a la reducción del número de empleados fijos en la hacienda) y la ampliación del área dedicada a la ganadería, todo ello implicó arrancar de la tierra al pequeño productor (aparcero, "posseiro", minifundista) y convertirlo en jornalero, incorporándolo al proletariado agrícola. De esta manera, el pequeño productor no sólo perdió la posibilidad de proveer parcialmente su subsistencia, mediante el autoconsumo, sino que (en virtud del gran aumento de mano de obra que se produjo) ha visto caer muy bajo el nivel de su remuneración. El trabajador rural ya no puede siquiera quedarse en el campo: expulsado de la tierra, va a vivir en la periferia de los centros urbanos más cercanos, de donde es llevado a la hacienda por los intermediarios, lo que crea una nueva faja de acción para el capital –la venta de trabajo.

El capitalismo brasileño está realizando *su* reforma agraria, y ésta nada tiene de idílica. La extensión acelerada de las relaciones capitalistas al campo ostenta, en Brasil, el mismo carácter despiadado y brutal que presentó en la Inglaterra de los siglos XVI y XVII y, más precisamente, en la Rusia que Lenin describió.

Perspectivas del subimperialismo

Son muchas las implicaciones de este análisis para la elaboración de una estrategia revolucionaria que corresponda a la realidad de la lucha de clases en Brasil. Pero antes de intentar extraerlas, es necesario contestar a una cuestión clave: ¿cuál es la viabilidad, a mediano plazo, del esquema económico y político formulado por la dictadura militar? El tema es muy amplio para ser bien tratado aquí, pero sentemos algunas premisas para ello.

Todo indica que, siendo lo que se ha desarrollado más tardíamente en ese esquema, la transferencia de poder de compra a ciertas capas de la población, con la creación de un simulacro de "sociedad de consumo", sea el elemento más limitado y menos estable. La elevación permanente del ingreso de las capas medias y altas es impracticable, sin romper con la ley capitalista de los salarios y sin convertir el subsidio en un factor antieconómico en términos capitalistas. El aumento numérico de estas capas, sobre todo de la pequeña burguesía asalariada, es un recurso que seguirá siendo utilizado por el sistema, pero representa muy poco en el conjunto de las necesidades de mercado que plantea la industria, además de ser ampliamente neutralizado por la baja del poder adquisitivo de las grandes masas. Quedaría la posibilidad de incorporar nuevas capas a la "sociedad de consumo", principalmente grupos obreros empleados en los sectores de alta productividad; pero ello desencadenaría una lucha reivindicativa general por parte de la masa trabajadora, dado el carácter solidario de la fijación de los salarios en Brasil,[4] lo que amenazaría la base que sustenta a la "sociedad de consumo": la superexplotación del trabajo, y que es el pilar mismo del esquema subimperialista.

El mercado externo se presenta actualmente en mejor situación. Sin embargo, es conveniente considerar que la expansión comercial es un proceso largo, como acabó por entenderlo la misma dictadura militar, y particularmente difícil en el momento en que la economía capitalista mundial entra en una fase de, por lo menos, menor dinamismo –lo que quiere decir agudización de la competencia. Como quiera que sea, se requiere tiempo para hacer de la exportación una solución a los problemas de realización planteados por el sistema y, mientras tanto, éste tendrá no sólo que mantener y agravar la explotación de las masas (con todas las implicaciones políticas que esto encierra), sino también contar con una válvula de escape.

Esta válvula parece ser el tercer elemento del esquema subimperialista que mencionamos: el Estado. Teóricamente, el incremento del papel del Estado como promotor de demanda para los bienes durables es ilimitado, siempre que las condiciones políticas en las que se desarrolla la lucha de clases no se modifiquen, es decir, mientras las masas trabajadoras no digan basta a la superexplotación que sufren. En la práctica, el Estado tiende a hacer crecer sobre

4. Esto se debe, en lo fundamental, a la estructura sindical brasileña, la cual se encuentra organizada verticalmente, por ramas de industria.

todo los gastos militares,[5] el único medio efectivo de consumo superfluo. Ésta es la razón por la cual la fusión de intereses entre la élite militar y el capital nacional y extranjero es permanente y tiende a crear una solidaridad mutua siempre mayor.

La militarización del capitalismo brasileño no es accidental ni circunstancial. Es la expresión necesaria de la lógica monstruosa del sistema, como el nazismo lo fue para la Alemania de los treinta. Así como pasó con el nazismo, la guerra debe ser su resultado, y no es casual que Castelo Branco pretendiera invadir el Uruguay, intervenir en la guerra colonialista que Portugal hace en África e incluso mandar tropas a Vietnam; que Costa e Silva quiso invadir Bolivia; que el actual presidente, el general Garrastazu Médici, además de continuar amenazando al Uruguay, conspira contra el "Pacífico Rojo", particularmente Chile, y haya intervenido constantemente en los asuntos bolivianos, además de alentar el expansionismo brasileño en dirección a África, en estrecha alianza con Portugal.

Consideraciones finales

El análisis precedente permite sacar algunas conclusiones, que interesan directamente a la estrategia del movimiento revolucionario brasileño. En resumidas cuentas, éstas son las siguientes:

1. El reflujo del movimiento pequeñoburgués, a excepción de algunos de sus sectores menos afectados por la política de soborno (como los estudiantes), tiende a ser permanente, mientras las masas trabajadoras no estén en condiciones de impedir el traspaso de ingreso actualmente en curso.

5. El presupuesto militar brasileño de 1970 fue del orden de los 700 millones de dólares, es decir, 17,3% del presupuesto federal total. Si se le añaden los gastos para la policía militarizada, la cifra llega a 1 000.5 millones de dólares, equivalente casi a la mitad de los ingresos percibidos en el año por concepto de exportaciones. Ello ha impulsado un notable incremento de la producción de armamentos en el país, principalmente en la industria naval y aeronáutica.

2. El sistema no tiene posibilidades de ampliar este traspaso sin caer en una redistribución que pondría en jaque su funcionamiento; la expansión comercial externa representa una solución a largo plazo; todo ello hace aparecer el aumento del gasto público, sobre todo en los renglones militares, como la solución más viable de que el sistema puede echar mano a mediano plazo. Sin embargo, esto sólo será efectivo si las masas trabajadoras siguen soportando sin mayor resistencia la superexplotación que les ha sido impuesta.
3. En consecuencia, la movilización y organización de los trabajadores urbanos y rurales por sus reivindicaciones pone inmediatamente en jaque al esquema económico y político de la dictadura y cierra cualquier salida al desarrollo capitalista en Brasil; el eslabón débil del sistema brasileño no es el campo, como se ha venido diciendo de manera abstracta y mecánica, sino más bien los trabajadores urbanos y rurales, sobre todo los primeros, por el mayor impacto de sus luchas sobre el sistema.
4. Sin que el trabajo campesino haya perdido su importancia para la izquierda, la acción revolucionaria en el campo tendrá que estar determinada por el aumento del proletariado rural y por su dinámica; fijándose en la periferia de las ciudades del interior, ese proletariado establece la ligazón entre el trabajador urbano y el trabajador rural, con base en los mismos centros urbanos. Por ello, la actual discusión que se da en la izquierda sobre la prioridad del campo o de la ciudad en el trabajo político entre las masas es bizantina.
5. La tendencia intervencionista y belicista del capitalismo brasileño va en la dirección de la revolución continental, pero no en el sentido que se le ha dado tradicionalmente, es decir, de lucha contra el invasor *en Brasil,* sino más bien, en un primer momento por lo menos, en el sentido de la lucha contra la acción de la dictadura brasileña en el exterior; esto abre una nueva dimensión al trabajo revolucionario, o sea, el trabajo en el exterior, estrechamente vinculado al trabajo revolucionario dentro del propio país.

Estos planteamientos implican una redefinición de la

estrategia que ha orientado a la izquierda revolucionaria, después de 1964. Sin embargo, la redefinición sólo podrá hacerse efectiva a partir del reconocimiento del verdadero carácter del régimen brasileño; en otros términos, de la comprensión de que la dictadura militar no es una superestructura extraña a la sociedad nacional y artificialmente superpuesta a ella, sino que expresa la cristalización de todo un sistema de explotación y opresión que allí prevalece. La política, como dijo Lenin, es una expresión concentrada de la economía: sólo este criterio permite establecer una correcta línea revolucionaria.

La principal consecuencia de su aplicación incide directamente en la manera como habrá que plantearse la cuestión de la lucha armada. En efecto, si la destrucción del actual sistema social brasileño pasa necesariamente por la lucha armada, por la guerra civil revolucionaria, ésta no se da como un punto de partida, sino como un punto de llegada. Esto –que no invalida en lo más mínimo el recurso a las acciones armadas por parte de la vanguardia– quiere decir, en lo fundamental, que la lucha revolucionaria en Brasil no reviste todavía la forma del enfrentamiento militar directo: en esta etapa, lo que se ha de poner en primer plano es la agudización de los conflictos de clases, la movilización de las masas y la creación de un verdadero movimiento revolucionario.

Un movimiento revolucionario que apunte de hecho a la conquista del poder sólo puede ser efectivo en la medida misma de su grado de organización. El rechazo, por ciertos sectores de la izquierda, a la organización partidaria, más allá de ser una herencia de su origen pequeñoburgués, se debe también a la incomprensión de lo que esto significa. La cuestión no se plantea en términos de construcción de un partido fuera del proceso de lucha y divorciado de la elevación de los niveles orgánicos del movimiento de masas; de lo que se trata es precisamente de –mediante el trabajo revolucionario con las masas– abrir al proletariado brasileño la posibilidad de conformar su organización de combate, su partido, y asegurarle así su capacidad de conducir a la victoria al movimiento de masas.

Cabe señalar aquí la relación que existe entre la tarea de

construcción del partido y la caracterización de la revolución. Es obvio que, cuando ésta se da exclusivamente en términos de liberación nacional, supone una alianza de clases y fracciones de clases tan amplias que incluye a sectores de la misma burguesía y —con base en el supuesto de una contradicción entre la nación en su conjunto y el imperialismo— se resuelve, en última instancia, en tareas nacionalistas y democráticas. Inversamente, la erección del proletariado en única fuerza consecuentemente antiimperialista, si bien no excluye su alianza con otras clases, tiende a afirmar su hegemonía sobre éstas. La hegemonía del proletariado lleva necesariamente a que sean sus intereses los que primen en el programa revolucionario, ya que lo contrario implicaría que se pretende movilizar al proletariado en función de reivindicaciones que, no siendo las suyas, corresponden a otras clases —lo que (independientemente de que se plantee o no el camino armado) implicaría reincidir en el reformismo y en la colaboración de clases.

La afirmación de la hegemonía del proletariado en el movimiento revolucionario no puede realizarse, pues, sino en la medida en que éste aparece organizado partidariamente y levanta sus reivindicaciones de clase, es decir, su plataforma socialista. Desde luego, en un país dependiente como el Brasil, la alianza de clases asume tareas antiimperialistas, y puede incluso revestir la forma de un frente de liberación nacional. Ésta no es la cuestión central; el problema consiste en saber si hay o no la decisión de garantizar la hegemonía proletaria en la alianza, y es por lo que contraponer el frente al partido, así como negar los objetivos socialistas de la revolución, encubre el rechazo a esa hegemonía y la adhesión a la ideología pequeñoburguesa.

Señalemos, por último, que el marco internacional en que se tendrá que llevar a cabo la revolución hace aún más evidente el error de los que insisten en el carácter exclusivo de liberación nacional que ella presentaría. Es así como el tránsito recorrido por el capitalismo brasileño hacia el subimperialismo correspondió, en el contexto latinoamericano, a la conformación de una alternativa a la revolución socialista cubana. Si, en Brasil, el dilema revolución-contra-revolución hizo emerger al actual régimen militar, no ha pasado lo mismo en otros países, siendo que, en algunos de ellos, la lucha de clases condujo a correlaciones de fuerzas mucho más favorables a las masas trabajadoras. En consecuencia, al polo subimperialista brasileño se contraponen, principalmente en Chile, los gérmenes de un nuevo orden social, de que Cuba representa el primer eslabón.

La visión del Che de una revolución continental, que exprese en los hechos el internacionalismo proletario, se está pues haciendo realidad en América Latina. La polarización política, que la dinámica del subimperialismo brasileño no puede sino agravar, determina el marco en que el proceso va a desarrollarse. Herederas legítimas del Che, las vanguardias latinoamericanas tienen allí un solo papel a cumplir: tomar la dirección de la lucha, conscientes de que su desenlace puede significar que para todos los pueblos haya finalmente sonado la hora de los expropiadores.

impreso en vox, s. a.
necaxa 24 - méxico 14, d. f
dos mil ejemplares
22 de agosto de 1977

www.ingramcontent.com/pod-product-compliance
Ingram Content Group UK Ltd.
Pitfield, Milton Keynes, MK11 3LW, UK
UKHW041840190726
13854UKWH00002B/635